GÉOGRAPHIE
ÉLÉMENTAIRE.

Autres Ouvrages de M. MORIN, *qui se trouvent chez les mêmes Libraires.*

DICTIONNAIRE étymologique des mots Français dérivés du grec, etc., enrichi de notes par M. d'Ansse de Villoison, membre de l'Institut de France, Seconde édition; à Paris, 1809, de l'Imprimerie Royale, 2 vol. in-8°.

PRINCIPES raisonnés de la Langue française, mis dans un ordre clair, simple et méthodique, à l'usage des Colléges. Troisième édition, 1 vol. in-12 de 156 pages.

GÉOGRAPHIE ÉLÉMENTAIRE,

OU

DESCRIPTION

DES CINQ PARTIES DU MONDE,

D'après les traités de Paris de 1814 et 1815, le congrès de Vienne, et les autres changemens arrivés dans les Etats de l'Europe, avant 1816;

Précédée d'un Abrégé d'Astronomie, suivant le système de Copernic;

Par J.-B. MORIN, Proviseur du Collége Royal de Clermont.

QUATRIÈME ÉDITION.

PARIS,

Chez BRUNOT-LABBE, Libraire, quai des Augustins

ET A CLERMONT,

Chez { VEYSSET, Imprimeur du Roi et Libraire, rue de la Treille.
{ LANDRIOT, Imprimeur-Libraire, grande rue Saint-Genès.

Décembre 1815.

PRÉFACE.

DE toutes les études auxquelles on applique la jeunesse, il n'en est point de plus amusante que celle de la Géographie. On peut dire aussi qu'il n'en est point de plus facile, puisqu'elle n'exige qu'une assez légère attention, aidée des yeux et de la mémoire. Mais, considérée par rapport à son utilité dans le commerce de la vie, elle doit faire une des parties essentielles de l'éducation. Et en effet, le politique, le militaire, le commerçant, y puisent des connoissances indispensables à leur état. D'un autre côté, la Géographie éclaire l'étude de l'histoire, qui, sans elle, seroit infructueuse ou du moins imparfaite. Tous ces motifs ne sont-ils pas suffisans pour porter au désir de connoître le globe que nous habitons?

L'étude de la Géograhie est une espèce de voyage, où l'esprit est agréablement occupé d'une foule d'objets différens. Si l'on veut rappeler le souvenir de ces objets, il ne

PRÉFACE.

suffit pas d'en présenter les noms isolés ; il faut encore y ajouter des images qui les fixent dans notre esprit. Une nomenclature aride et dépouillée de ses accessoires, ne peut jamais nous plaire ; et l'on sait que la mémoire se venge, par un prompt oubli, de la peine que lui ont coûtée des choses désagréables et stériles.

Parmi les Méthodes de Géographie qui ont paru depuis plusieurs années, il en est peu qui présentent tout-à-la-fois de la concision sans sécheresse, et de l'exactitude sans superfluité. Un ouvrage élémentaire doit cependant garder un juste milieu. Il n'est pas nécessaire de tout dire ; il suffit de se borner aux choses essentielles, et de les exposer de la manière la plus claire et la plus simple.

J'ai tâché de ne pas perdre de vue ce précepte important. J'ai cherché, autant que j'ai pu, à exciter l'intérêt par des détails aussi variés qu'instructifs sur les bornes, la situation et le climat des divers pays de la terre, sur les productions du sol, sur l'industrie, le commerce, les mœurs, la religion et le gouvernement des différens peuples, sur les monumens remarquables des

PRÉFACE.

villes principales, enfin sur les lieux illustrés par de grands événemens. La méthode analytique étant préférable à toute autre, j'ai cru devoir présenter d'abord un tableau général de chacune des cinq grandes divisions du globe, avant d'entrer dans le détail de leurs parties. Cette connoissance préliminaire m'a paru indispensable, parce qu'elle met le lecteur au fait de plusieurs objets, qui sont comme autant de signaux propres à le guider dans tout le reste. Je me suis étendu plus particulièrement sur la description de l'Europe, parce qu'elle nous intéresse davantage, à cause des relations que nous avons avec les différens États qu'elle renferme. J'ai eu soin de faire connoître leur situation actuelle, en indiquant tous les changemens que quelques-uns ont éprouvés récemment dans leur système politique.

Quant à l'article de la France, qui est le plus développé, j'ai sans cesse comparé l'ancienne division de son territoire avec la nouvelle. J'ai rappelé dans de courtes notices comment et à quelles époques la France s'est accrue successivement, par la réunion de ses anciennes provinces au domaine de la couronne. L'étude de l'histoire, à laquelle celle de la Géographie est nécessairement liée, exige cette connoissance. J'ai donc suivi la marche historique, comme la plus naturelle et la plus utile. Plusieurs auteurs ont adopté, pour les départemens, l'ordre alphabétique; mais ils n'ont pas fait attention qu'il est le renversement de tout ordre, quand il s'agit de la liaison des idées, et qu'on n'en peut faire usage dans l'enseignement, sans se rendre inintelligible.

Cet ouvrage est précédé d'un Abrégé de la Sphère, où l'on donne une idée générale des phénomènes celestes, suivant l'opinion de Copernic, et d'après les nouvelles découvertes qu'on a faites en astronomie. Presque toutes nos Méthodes géographiques développent fort au long le système de Ptolémée, qui est aujourd'hui reconnu évidemment faux et contraire aux observations astronomiques. Pourquoi donc entretenir les jeunes élèves d'une erreur qu'ils doivent oublier après qu'ils l'auront apprise ? Ne vaut-il pas mieux leur donner d'abord des notions vraies et exactes de ce qu'il leur importe de savoir ? Car personne n'ignore que les premières impres-

PRÉFACE.

sions, sont toujours les plus durables.

J'ai choisi pour ces élémens une forme qui approche de celle du dialogue. Malgré les préventions de quelques personnes contre cette méthode, l'expérience prouve que c'est celle qui convient le mieux à un abrégé, et qui soulage le plus la mémoire, en fixant les idées et en soutenant l'attention des élèves. Cependant je n'ai pas cru devoir multiplier les demandes dans les descriptions qui ont peu d'étendue.

Quoique resserré dans des bornes assez étroites, ce livre renferme tout ce qu'il est nécessaire aux jeunes gens de savoir sur la Géographie. On pourra le regarder comme une introduction à des traités plus amples, et à des connoissances plus approfondies. Pour moi, je croirai avoir atteint le but que je me suis proposé, si mon travail peut servir de guide aux maîtres, et faciliter les progrès de leurs élèves.

Nota Les évènemens arrivés en 1814 et en 1815, ayant changé les limites de plusieurs Etats de l'Europe, on a eu soin d'indiquer ces changemens, d'après l'acte du congrès de Vienne et les deux traités de

PRÉFACE.

Paris. Lorsque le dernier de ces traités a été publié, l'impresssion de cet Ouvrage étoit déjà commencée; ainsi on trouvera une légère inexactitude relativement au duché de Bouillon, dont la France vient de perdre la propriété. Mais l'*Errata* ci-dessous rectifie suffisamment cette erreur, ainsi que quelques autres peu importantes.

ERRATA.

PAGE 21, lig. 26, mérdien, *lisez* méridien.
    30, — 5, quatre, *lis.* cinq.
    ibid. — 25, sept, *lis.* six.
    47, — 26, *au lieu de* Bouillon, ci-devant duché, réuni à la France en 1795, *lisez*, Bouillon, ci-devant duché, réuni en 1815 au grand-duché de Luxembourg.
    63, — 8, *lisez de suite*, est à Montbéliard.

GÉOGRAPHIE ÉLÉMENTAIRE.

INTRODUCTION.

ABRÉGÉ D'ASTRONOMIE.

D. Qu'est-ce que l'Astronomie?
R. L'Astronomie est une science qui traite des astres ou des globes lumineux qui brillent dans le ciel ; elle nous apprend leurs mouvemens, leurs positions respectives, leurs distances, leurs grandeurs, et leurs diverses apparences.

D. Quels secours emploie-t-on pour acquérir cette connoissance ?
R. On se sert d'une machine appelée *Sphère*, qui est composée de différens cercles, et qui représente la figure de l'univers, le cours des astres,

et les rapports qu'ils ont avec la Terre que nous habitons.

D. Comment appelle-t-on la manière d'expliquer tous ces phénomènes ?

R. On l'appelle *système du monde*, mot qui veut dire arrangement, disposition.

D. Combien y a-t-il de sortes d'astres ?

R. On en distingue trois sortes : les étoiles fixes, les planètes et les comètes.

DES ÉTOILES FIXES.

D. Qu'est-ce que les étoiles fixes ?

R. Ce sont des globes lumineux par eux mêmes, et suspendus à des distances immenses de la Terre, dans l'espace du ciel. On les appelle *fixes*, parce qu'elles conservent toujours entre elles la même position.

D. Y a-t-il beaucoup d'étoiles fixes ?

R. Le nombre en est incalculable : d'ailleurs, leur prodigieux éloignement de la Terre les dérobe à la vue.

D. Combien à-peu près l'œil peut-il en distinguer ?

R. Un millier environ ; mais on présume qu'avec le secours du télescope il y en a cent millions de visibles.

D. Toutes les étoiles ne paroissent pas de la même grosseur ; d'où vient cela ?

R. Cette différence de grosseur dans les étoiles peut venir de leurs différens degrés d'éloignement de la terre, ou de ce qu'en effet elles sont plus grandes les unes que les autres ; c'est ce qui les a fait distribuer en sept classes ou grandeurs différentes.

D. A-t-on désigné les étoiles par des noms particuliers ?

R. Leur multitude étant infinie, on s'est contenté de les partager en plusieurs groupes ou assem-

D'ASTRONOMIE.

blages, qu'on appelle *constellations*, et auxquels on a donné les noms de différens personnages célèbres dans la Fable, de plusieurs animaux, instrumens ou machines.

D. *Combien y a-t-il de Constellations ?*

R. On en compte aujourd'hui cent, dont douze sont placées au milieu du ciel, dans une bande circulaire, qu'on nomme *Zodiaque*, d'un mot grec qui signifie *animal*, parce que la plupart de ces constellations portent des noms d'animaux.

D. *Quel est le nom de ces douze Constellations ?*

R. On les appelle ordinairement les *douze signes du Zodiaque*, ou, selon les anciens, les *douze maisons du Soleil*, parce que cet astre semble s'arrêter dans chacune d'elles, durant chaque mois de l'année. Voici leurs noms avec celui du mois correspondant :

♈	Le Bélier........	21 Mars.
♉	Le Taureau.......	20 Avril.
♊	Les Gémeaux......	22 Mai.
♋	L'Ecrevisse.......	21 Juin.
♌	Le Lion.........	23 Juillet.
♍	La Vierge........	23 Août.
♎	La Balance.......	23 Septembre.
♏	Le Scorpion......	23 Octobre.
♐	Le Sagittaire.....	22 Novembre.
♑	Le Capricorne....	22 Décembre.
♒	Le Verseau.......	20 Janvier.
♓	Les Poissons.....	18 Février.

Chaque signe comprend 30 degrés du Zodiaque. Le premier degré du Bélier répond, comme on le voit, au 21 mars, et les autres à un jour qui est depuis le 18e jusqu'au 23e du mois.

D. *Qu'appelez-vous degrés dans un cercle ?*

R. Un degré est la 360e partie de la circonférence d'un cercle ; chaque degré se divise en 60 minutes ; et chaque minute en 60 secondes.

D. Les étoiles n'ont-elles pas un mouvement apparent ?

R. Les étoiles paroissent tourner autour de deux points opposés du ciel, qu'on appelle *pôles*, d'un mot grec qui signifie *tourner* : mais cette apparence est occasionnée par le mouvement de la Terre, comme on le verra plus bas.

D. Comment nomme-t-on les deux pôles ?

R. L'un se nomme *pôle arctique*, parce qu'il est voisin de la constellation de la *petite Ourse*, nommée en grec *arctos*; et l'autre *pôle antarctique*, c'est-à-dire, opposé à l'arctique.

Du Soleil.

D. De tous les globes lumineux, quel est le plus apparent pour nous ?

R. C'est le Soleil, qui est placé au centre du monde, et qui anime toute la nature par sa lumière et sa chaleur.

D. Quelle est la grosseur du Soleil ?

R. Il est pour le moins un million de fois plus gros que la Terre.

D. Le Soleil est-il bien éloigné de la Terre ?

R. Il en est à-peu-près à quinze millions de myriamètres (ou trente quatre millions de lieues).

D. Le Soleil a-t-il un mouvement qui l'emporte dans l'espace du ciel ?

R. On a cru longtemps, d'après les apparences, que le Soleil tournoit autour de la Terre avec les autres astres ; mais aujourd'hui on est convaincu qu'il ne change point de place ; seulement il tourne sur lui-même en 25 jours 10 heures.

D. Comment sait-on que le Soleil tourne sur lui-même.

R. On le sait par le moyen des taches qu'on observe sur son disque, lesquelles disparoissent et reviennent exactement, au bout de 25 jours 10 heures.

D. *Comment nomme t-on les côtés du ciel où le Soleil paroît le matin et disparoît le soir ?*

R. Le premier se nomme *levant*, ou *orient*, et le second, *couchant* ou *occident* (1); le côté où il se montre au milieu du jour, est appelé *midi* ou *sud*, et le côté opposé, *septentrion* ou *nord*. C'est ce qu'on appelle les *quatre points cardinaux* ou principaux, parce que les autres points du ciel se rapportent à ceux-là.

DES PLANÈTES.

D. *Qu'entendez-vous par Planètes ?*

R. Les *planètes* (ou *astres errans*) sont des globes opaques (sans lumière) qui changent continuellement de position par rapport aux étoiles, et qui ne brillent que parce qu'ils réfléchissent la lumière qu'ils reçoivent du Soleil.

D. *Combien y a-t-il de sortes de planètes ?*

R. Il y en a de deux sortes : les unes principales, et les autres secondaires.

D. *Quelles sont les planètes principales ?*

R. Il y en a onze, dont voici les noms dans l'ordre de leur éloignement du Soleil : *Mercure*, *Vénus*, *la Terre*, *Mars*, *Vesta*, *Cérès* ou *Piazzi*, *Pallas* ou *Olbers*, *Junon*, *Jupiter*, *Saturne*, *Uranus* ou *Herschel* (2).

────────────

(1) Le Levant se nomme encore *Est*, et le Couchant *Ouest*.

(2) Cette planète fut découverte le 18 mars 1781 par Herschel, célèbre astronome anglais. Piazzi découvrit Cérès à Naples le 1er janvier 1801; et Olbers, médecin à Brême, découvrit Pallas le 28 mars 1802, et Vesta en 1807. Junon a été découverte par Harding en 1803.

D. Comment ces planètes se meuvent-elles dans le ciel?

R. Toutes ces planètes tournent autour du Soleil en des temps inégaux. Mercure, qui en est le plus proche, fait sa révolution en trois mois environ; Vénus en sept mois et demi; la Terre en un an, ou en 365 jours et quelques heures; Mars en deux ans à peu-près; Vesta en trois ans huit mois environ; Cérès en quatre ans sept mois; Pallas en quatre ans huit mois; Junon en autant de temps; Jupiter en douze ans; Saturne en trente, et Uranus en 84.

D. Quelles sont les planètes secondaires?

R. Ce sont celles qui tournent autour d'une planète principale.

On en connoît dix-huit, qu'on nomme encore *satellites*, c'est-à-dire, *gardes*, parce qu'elles accompagnent leur planète dans son mouvement autour du Soleil, comme des gardes accompagnent leur prince ou leur chef. La terre en a un, qui est la *Lune*; Jupiter en a quatre; Saturne, sept, et Uranus, six.

D. A quoi peuvent servir les satellites de Jupiter, de Saturne et d'Uranus?

R. On présume qu'ils sont pour ces planètes ce que la Lune est pour nous, c'est-à-dire, qu'ils leur servent de flambeaux pendant la nuit; du moins on doit croire qu'ils ne sont pas inutiles.

D. Qu'observe-t-on de particulier sur la planète de Saturne?

R. On aperçoit autour de Saturne un anneau ou cercle lumineux, qui disparoît de temps en temps et à des époques fixes; mais on en ignore la nature et l'usage.

D. Comment peut-on distinguer à la simple vue une planète d'avec une étoile fixe?

R. Les étoiles fixes sont moins lumineuses que les planètes, et elles brillent par élancement ou scintillation; au lieu que la lumière d'une planète est plus uniforme et plus tranquille.

D. *Quelle est la route que suivent les planètes autour du Soleil?*

R. Cette route, qui s'appelle *orbite des planètes*, a la figure, non pas d'un cercle, mais d'une ellipse ou ovale peu alongée; le Soleil est placé assez près du centre: de-là vient que les planetes sont tantôt plus proches, tantôt plus éloignées de cet astre.

D. *Comment nomme-t-on les deux points où une planète est le plus près et le plus loin du Soleil?*

R. Le premier point se nomme *périhélie*, qui signifie en grec *près du Soleil*; et le second, *aphélie*, qui veut dire *loin du Soleil*.

D. *Quel nom donne-t-on à l'orbite de la Terre?*

R. On la nomme *Ecliptique*, parce que c'est-là que se forment les éclipses. Nous en parlerons plus bas.

D. *Dites-nous où est placée l'Ecliptique.*

R. L'Ecliptique occupe le milieu de la bande du Zodiaque, à laquelle on a donné seize degrés de largeur, afin de pouvoir renfermer dans cet espace le cours des planètes.

D. *Quelle est la position des orbites des autres planètes par rapport à l'Ecliptique?*

R. Les orbites des autres planètes coupent l'Ecliptique en deux points opposés, qu'on appelle *nœuds*, et s'écartent plus ou moins de cette ligne à droite et à gauche, à-peu-près comme deux cercles qui seroient passés l'un dans l'autre, et qui s'écarteroient de trois ou quatre doigts. L'orbite de Pallas est inclinée à l'Ecliptique d'environ 38 degrés; ainsi elle sort des bornes du Zodiaque.

DES COMÈTES.

D. *Qu'appelle-t-on comètes?*

R. Les comètes sont, comme les planètes, des

corps opaques qui font leurs révolutions autour du Soleil, et qui se montrent de temps en temps dans l'espace du ciel. Jusqu'à présent on en a observé 91.

D. *Pourquoi les a-t-on nommées ainsi ?*

R. On les appelle *comètes*, qui veut dire *astres chevelus*, parce qu'elles se montrent ordinairement entourées d'une vapeur lumineuse, qu'on appelle *queue* ou *chevelure*, selon sa forme et sa position.

D. *Sait-on la cause de cette vapeur lumineuse ?*

R. On présume qu'elle est occasionnée par la chaleur du Soleil; car on a remarqué que cette queue augmente ou diminue, selon que la comète se trouve plus ou moins près de cet astre.

D. *Pourquoi l'apparition des comètes est elle si rare ?*

R. C'est que, décrivant des ellipses extrêmement allongées, elles ne deviennent visibles que lorsqu'elles sont fort près du Soleil; ensuite elles s'en éloignent à une si grande distance, qu'on les perd de vue pour une longue suite d'années.

D. *Le cours des comètes est il renfermé dans la largeur du Zodiaque, comme celui des planètes?*

R. Les orbites des comètes ne sont point renfermées dans le Zodiaque, mais elles se portent vers des parties du ciel fort différentes les unes des autres : souvent même on les voit tenir une route toute opposée à celle des planètes.

D. *Le mouvement des comètes n'est donc pas uniforme ?*

R. Il a moins d'uniformité que celui des planètes. Cependant la précision avec laquelle on est parvenu à prédire leur retour, prouve qu'elles sont soumises à des loix constantes et invariables.

D. *Que doit-on penser de l'apparition des comètes ?*

R. Les comètes ont été long-temps l'effroi des

peuples : on croyoit qu'elles annonçoient la guerre, la peste ou d'autres calamités ; mais c'est une erreur : elles ne peuvent avoir aucune influence funeste au globe que nous habitons.

Du mouvement de la Terre.

D. Puisque le Soleil est immobile au centre du monde, expliquez-nous ce qui produit le jour et la nuit.

R. La Terre, outre son mouvement annuel autour du Soleil, tourne encore sur elle-même ou sur son axe en vingt quatre heures d'occident en orient ; c'est ce qui produit le jour et la nuit.

D. Qu'appelez-vous l'axe de la Terre ?

R. C'est une ligne droite imaginaire, qu'on suppose passer par le centre de la Terre, et aboutir à deux points opposés de sa surface qu'on nomme *pôles* ; l'un se nomme *pôle arctique* ou *boréal*, vers le nord, et l'autre, *pôle antarctique* ou *austral*, vers le sud. Ils répondent directement aux pôles du ciel, dont ils prennent le nom.

D. Rendez sensible le double mouvement de la Terre par une comparaison.

R. On peut comparer le double mouvement de la Terre à celui d'une torpie ; qui faisant sur son pivot 365 tours, décriroit en même temps une ligne courbe semblable à une ovale.

D. D'où vient que la Terre nous paroît immobile ?

R. La Terre nous paroît immobile, et les astres semblent tourner autour de nous, de même qu'un homme, placé dans un bateau qui descend une rivière, se croit immobile, et s'imagine que c'est le rivage qui remonte ; cependant le rivage est fixe, et le bateau seul est en mouvement. Dans cette comparaison, le bateau est la Terre, et le rivage est le Soleil.

D. Quelle preuve peut on donner du mouvement de la Terre ?

R. Si la Terre ne tournoit pas sur elle-même en 24 heures, il faudroit que le Soleil et tous les autres astres, en tournant autour de la Terre, fissent un million de milliards de lieues par jour, vu leur distance prodigieuse ; au lieu qu'il est infiniment plus simple de supposer que la Terre fait tout au plus neuf mille lieues en un jour.

D. *Pourquoi disons-nous tous les jours que c'est le Soleil qui se lève et qui se couche ?*

R. C'est pour se conformer aux apparences que l'on parle ainsi ; car le Soleil ne se lève ni ne se couche réellement. C'est la Terre qui, en tournant, lui présente successivement toutes les parties de sa surface, qui reçoivent et perdent tour-à-tour sa lumière.

D. *Qu'appelle-t-on proprement une année ?*

R. C'est le temps que la Terre emploie à faire sa révolution autour du Soleil : on l'appelle l'*année solaire*; elle est composée de 365 jours 6 heures, moins 11 minutes environ.

D. *Qu'est-ce qu'une année bissextile ?*

R. Comme on ne sauroit tenir compte, à la fin de l'année, des heures et des minutes qui sont au-delà des 365 jours, on les néglige pendant trois ans de suite, et l'on ajoute un jour ou 24 heures à chaque quatrième année, qui a par conséquent 366 jours, et qu'on appelle *bissextile*. C'est au mois de février que se fait cette addition.

D. *Toutes les quatrièmes années sont-elles bissextiles ?*

R. Non, parce que les onze minutes que l'on compte de trop chaque année, faisant trois jours au bout de 400 ans, on est obligé, pour corriger cette erreur, de retrancher ces trois jours, en ne faisant pas bissextile la dernière année de chaque siècle, si ce n'est de 400 en 400 ans. Cette réforme s'appelle *grégorienne*, du nom du Pape Grégoire XIII, qui l'ordonna en 1582.

De la Lune.

D. De toutes les planètes secondaires, quelle est celle qui nous intéresse le plus ?

R. C'est la Lune, qui éclaire la Terre pendant une partie des nuits.

D. Quels sont ses mouvemens ?

R. Elle en a deux principaux : l'un, par lequel elle tourne autour de la Terre en 27 jours 8 heures environ ; et l'autre, qui l'emporte à la suite de la Terre, autour du Soleil, dans l'espace d'une année.

D. Quel autre mouvement a-t-on reconnu dans la Lune ?

R. C'est celui par lequel elle tourne sur elle-même en un mois, comme une roue tourne sur son essieu.

D. Comment a-t-on pu s'en assurer ?

R. En observant les taches que nous présente la Lune, et qui paroissent toujours les mêmes ; c'est ainsi qu'une personne ne peut tourner dans un cercle, en regardant toujours le centre, sans qu'elle ne tourne aussi sur elle-même.

D. Quelle est la grosseur de la Lune ?

R. Elle est environ cinquante fois plus petite que la Terre. Si elle nous paroît plus grande que les autres planètes, c'est qu'elle est plus près de nous.

D. Quelle est sa distance de la Terre ?

R. Sa plus grande distance, qu'on appelle *apogée* (loin de la terre), n'est que de 91 mille lieues ; et sa plus petite distance ou son *périgée* (près de la terre), est de 80 mille lieues : sa distance moyenne est de 84 mille.

D. Que remarquons-nous de particulier dans le cours de la Lune ?

R. Ce sont ses *phases* ou les différentes formes sous lesquelles elle paroît, en tournant autour de la Terre. On peut les réduire à quatre principales.

D. *Comment s'appelle la première de ces phases ou apparences ?*

R. Elle s'appelle *nouvelle Lune*. Elle a lieu quand la Lune se trouve entre le Soleil et la Terre, dans le même degré du Zodiaque. Alors sa partie éclairée est tournée vers le Soleil, et n'est point aperçue de la Terre; mais le lendemain elle paroît sous la forme d'un croissant.

D. *Comment se nomme la seconde phase ?*

R. On la nomme *premier quartier*, parce que 7 jours environ après la nouvelle Lune, cette planète est parvenue au quart de sa révolution. Nous voyons alors la moitié de sa partie éclairée sous la forme d'un demi cercle, qui est tourné vers l'occident.

D. *Quelle est la troisième phase ?*

R. C'est la *pleine Lune*, qui arrive vers le 14.e jour et demi de son cours. Alors la Lune se trouvant opposée au Soleil, nous présente toute sa partie éclairée. Ce jour-là, elle se lève au moment où le Soleil se couche.

D. *Comment se nomme la dernière phase ?*

R. On la nomme *dernier quartier*, parce que la Lune est aux trois quarts de sa route. Elle ne paroît éclairée qu'à moitié comme au septième jour; mais cette moitié est à la gauche du spectateur du côté de l'orient.

D. *Quelle est la vitesse de la Lune ?*

R. La Lune s'avance chaque jour vers l'orient d'environ 13 degrés, tandis que la Terre n'en parcourt qu'un ; c'est pourquoi elle retarde tous les jours son lever d'environ trois quarts d'heure. Le temps qui se passe d'une nouvelle Lune à l'autre est de 29 jours 12 heures 44 minutes; ce qui fait le *mois lunaire*.

D. *En combien de temps la Lune fait-elle sa révolution autour du Soleil ?*

R. La Lune tourne autour du Soleil en 354

jours; ce qui forme l'*année lunaire*, qui est composée de 12 mois lunaires alternativement de 29 et 30 jours. L'année lunaire a onze jours de moins que l'année solaire : de-là sont venues les *épactes*, c'est-à-dire, le nombre de jours qu'il faut ajouter tous les ans à l'année lunaire, pour l'accorder avec l'année commune.

Des Éclipses de Soleil et de Lune.

D. *Qu'est-ce qu'une éclipse ?*

R. C'est l'obscurcissement passager d'un astre par rapport à nous.

D. *Quels sont les corps célestes que nous voyons éclipsés ?*

R. Ce sont le Soleil et la Lune.

D. *Comment se font les éclipses de Soleil ?*

R. Les éclipses de Soleil arrivent au temps de la nouvelle Lune, lorsque cette planète se trouve sur une même ligne droite entre la Terre et le Soleil, de manière à nous cacher cet astre totalement ou en partie.

D. *La Lune peut-elle cacher le Soleil à tous les habitans de la Terre ?*

R. Non, parce que la Lune étant beaucoup plus petite que le Soleil et même que la Terre, son ombre, qui a la forme d'un cône, ou d'un pain de sucre renversé, n'a pas assez d'étendue pour couvrir toute la terre.

D. *Comment se forme une éclipse de Lune ?*

R. Une éclipse de Lune arrive, lorsque la Terre est placée directement entre la Lune et le Soleil, et qu'elle la couvre de son ombre totalement ou en partie. Cette éclipse ne peut arriver qu'au temps de la pleine Lune.

D. *La Lune disparoît-elle entièrement quand l'éclipse est totale ?*

R. La Lune ne cesse pas pour cela d'être visible, elle paroît sous une couleur de fer rouge qui commence à s'éteindre.

D. Peut-il y avoir tous les mois des éclipses de Soleil et de Lune ?

R. Il y auroit éclipse tous les mois, si l'orbite de la Lune répondoit constamment à l'écliptique; mais elle s'en écarte de cinq degrés. D'ailleurs les points où elle l'entrecoupe varient continuellement; ils employent 19 ans à faire le tour de l'écliptique; c'est ce qu'on appelle *cycle lunaire*, au bout duquel les nouvelles Lunes reviennent aux mêmes quantièmes des mois et presque à la même heure.

De la figure de la Terre, des cercles du Globe artificiel, et des zones.

D. Quelle est la figure de la Terre ?

R. La Terre est un globe, du moins on la considère comme exactement ronde, quoiqu'elle soit un peu aplatie vers ses pôles.

D. Comment sait-on que la Terre est ronde ?

R. On le sait par diverses observations journalières, par les voyages faits autour du globe, et parce que l'ombre de la Terre paroît ronde dans les éclipses de Lune.

D. Quels sont les cercles qu'on a tracés sur les globes artificiels ?

R. Il y en a trois grands, qui sont l'*Equateur*, l'*Horizon* et le *Méridien*; et quatre petits, qui sont les deux *Tropiques*, et les deux *cercles polaires*. Quelquefois on y trace aussi l'Ecliptique, pour faire voir son rapport avec l'Equateur. Ces cercles correspondent à des cercles pareils qu'on a imaginés dans le ciel, et qui sont représentés dans les Sphères.

D. Qu'est-ce que l'Equateur ?

R. L'Equateur ou la *ligne Equinoxiale*, est un

grand cercle également éloigné des deux pôles de la Terre, et qui la divise en deux parties égales, ou en deux hémisphères ; l'un septentrional et l'autre méridional.

D. *Pourquoi l'appelle-t-on ligne équinoxiale ?*

R. On l'appelle ainsi, parce que quand le Soleil paroît le décrire, il y a *équinoxe* ou égalité de jour et de nuit par toute la Terre, excepté aux pôles.

D. *Dans quel temps y a-t-il équinoxe ?*

R. L'équinoxe arrive deux fois l'année, le 21 mars et le 22 septembre.

D. *Qu'appelez-vous Horizon ?*

R. C'est un grand cercle qui entoure le globe, et le partage en deux parties égales, l'une supérieure qui est éclairée, et l'autre inférieure qui est dans l'ombre.

D. *A quoi sert l'Horizon ?*

R. Il sert à diviser le jour d'avec la nuit, à déterminer le lever et le coucher des astres. C'est sur ce cercle que sont marqués les quatre points cardinaux et la direction des vents.

D. *Combien y a-t-il de sortes d'Horizons ?*

R. On distingue deux sortes d'Horizons ; l'*Horizon rationnel* ou le grand Horizon, qui partage le globe en deux parties égales ; et l'*Horizon sensible* ou *visuel*, qui est l'espace que notre vue embrasse quand nous sommes dans une vaste plaine, ou sur un lieu élevé. Le point du Ciel qui répond directement au-dessus de notre tête, s'appelle *Zénith*, et le point diamétralement opposé, s'appelle *Nadir* ; ils sont comme les deux pôles de l'Horizon.

D. *L'Horizon est-il le même pour tous les lieux de la Terre ?*

R. Chaque lieu a son horizon particulier ; et on ne sauroit faire un pas, de quelque côté que ce soit, sans changer d'horizon.

D. *Qu'est-ce que le Méridien ?*

R. Le Méridien est un grand cercle qui passe par les pôles du globe, et qui est toujours perpendiculaire sur l'horizon et sur l'Equateur. Il partage le globe en deux hémisphères, l'un oriental, et l'autre occidental.

D. Quel est l'usage du Méridien?

R. Quand le Soleil est parvenu au Méridien, il est midi pour tous les peuples qui sont placés sous la moitié de ce cercle, au-dessus de l'Horizon, et minuit pour ceux qui habitent sous la moitié opposée de ce même cercle.

D. Tous les peuples ont-ils midi en même temps?

R. Non : ceux qui sont placés vers l'orient ont midi plus tôt que ceux qui sont à l'occident, parce que la Terre tourne de l'occident à l'orient.

D. Comment nomme-t-on les deux points où le Méridien coupe l'Horizon?

R. L'un s'appelle le *midi* ou le *sud*, et l'autre le *nord* ou le *septentrion*.

D. Qu'est-ce que les Tropiques?

R. Les Tropiques sont deux petits cercles parallèles à l'Equateur, dont ils sont éloignés de 23 degrés et demi. L'un se nomme *Tropique du Cancer*, vers le nord; et l'autre, *Tropique du Capricorne*, vers le midi, parce qu'ils répondent à ces deux signes du Zodiaque.

D. Quel est leur usage?

R. Ils servent à marquer les deux points où le Soleil paroît s'éloigner le plus de l'Equateur. Ces deux points se nomment *solstices*, du latin *sol stat* (le soleil s'arrête). Quand il décrit le *Tropique du Cancer*, c'est l'été pour nous, et l'hiver pour les habitans de la partie méridionale; et réciproquement, quand le Soleil est au *Tropique du Capricorne*, ils ont l'été, et nous l'hiver.

D. Qu'appelez-vous cercles polaires?

R. Ce sont deux petits cercles éloignés des pôles de 23 degrés et demi, et qui sont décrits par les pôles de l'écliptique, dans le mouvement journalier de la Terre. Celui qui est vers le Nord se nomme *cercle polaire arctique*, et celui du Sud, *cercle polaire antarctique*. Ils servent avec les Tropiques à diviser la Terre en cinq *Zones* ou bandes circulaires.

D. Quelles sont les cinq Zones ?

R. La *Zone torride* (brûlée), qui est comprise entre les deux Tropiques. On la nomme ainsi, parce qu'étant exposée aux rayons perpendiculaires du Soleil, il y fait des chaleurs considérables. Cependant elles sont tempérées par les longues nuits, les vents frais, les pluies et les rosées abondantes.

Les deux *Zones tempérées*, qui sont situées entre les Tropiques et les cercles polaires, de chaque côté de la Zone torride. On les appelle ainsi, parce que la chaleur et le froid y sont modérés, surtout dans le milieu, comme en France.

Les deux *Zones glaciales*, qui sont entre les cercles polaires et les pôles. On les appelle *glaciales*, parce qu'il y fait un froid très-rigoureux pendant la plus grande partie de l'année, et que la Terre y est toujours couverte de neige et de glaces.

Cause de la variété des saisons, de l'inégalité des jours et des nuits.

D. Comment peut-on rendre raison de la variété des saisons, et de l'inégalité des jours et des nuits ?

R. Il faut faire attention que l'axe de la Terre étant incliné de 23 degrés et demi sur le plan de l'écliptique, et demeurant sensiblement parallèle à lui-même, la Terre, en tournant, présente tantôt un de ses pôles au Soleil, et tantôt l'autre ; ce qui produit successivement l'été et l'hiver, c'est-à-dire, les plus longs et les plus courts jours.

D. Qu'arrive-t-il quand la Terre présente son Equateur au Soleil ?

R. On a le printemps et l'automne. Au commencement de ces deux saisons, l'horizon se borne de part et d'autre aux deux Pôles, d'où il résulte égalité de jour et de nuit par toute la Terre, excepté aux Pôles.

D. Dans quel ordre arrivent les quatre saisons de l'année ?

R. La première est le *printemps*, qui commence vers le 21 mars; la seconde est l'été, vers le 21 juin; la troisième, l'automne, au 22 septembre; et la quatrième, l'hiver, au 22 décembre. Chaque saison dure trois mois, mais l'année civile commence au premier janvier, au lieu de commencer au premier mars, comme autrefois.

D. Qu'arriveroit-il si l'axe de la Terre étoit perpendiculaire sur le plan de l'écliptique ?

R. Le Soleil paroîtroit décrire sans cesse l'Equateur; par conséquent les jours seroient continuellement égaux aux nuits, et il n'y auroit qu'une seule saison dans toute l'année. Mais comme le contraire arrive, c'est une preuve de l'inclinaison de l'axe de la Terre, par rapport à l'écliptique.

D. L'axe de la Terre demeure t-il toujours dans la même direction ?

R. Non; l'axe de la Terre, par un mouvement rétrograde, tourne autour des Pôles de l'écliptique d'orient en occident, et décrit environ 50 secondes de degré par an, ou un degré en 72 ans; ce qui fait que les étoiles fixes paroissent s'avancer d'autant vers l'orient. Par ce mouvement, l'axe de la Terre s'incline tantôt plus, tantôt moins sur l'écliptique.

D. Dans quelle proportion les jours croissent-ils pour les différens peuples de la Terre ?

R. Les peuples de l'Equateur ont toute l'année

les jours et les nuits de douze heures, car leur horizon coupe les cercles du jour et de la nuit en deux parties égales. Mais à mesure qu'on avance de l'Equateur vers l'un des Pôles, les jours augmentent de plus en plus, parce que l'un des Pôles étant au-dessus de l'Horizon, et l'autre au-dessous, les cercles du jour et de la nuit sont coupés inégalement par l'Horizon; de sorte qu'aux Pôles mêmes, on a tour-à-tour un jour et une nuit de six mois consécutifs.

Des Climats.

D. Comment a-t-on marqué l'augmentation progressive des jours?

R. En divisant le globe terrestre en *climats* par des cercles parallèles à l'Equateur.

D. Qu'entendez-vous par climat?

R. Un climat est un espace de terre compris entre deux cercles parallèles, à la fin duquel le plus grand jour a une demi-heure, ou un mois de plus qu'au commencement.

D. Combien compte-t-on de climats?

R. On compte vingt-quatre climats de demi-heure entre l'Equateur et les cercles polaires, et six climats de mois depuis les cercles polaires jusqu'aux Pôles. Ces divisions sont marquées sur le méridien des globes.

D. Pourquoi a-t-on fait vingt-quatre climats de demi-heure?

R. C'est que le plus grand jour étant de 24 heures aux cercles polaires, tandis qu'il n'est que de 12 heures à l'Equateur, il y a dans cet espace une différence de 12 heures ou de 24 demi-heures, qui forment 24 climats.

D. D'où vient la division par climats de mois?

R. On a partagé en six climats de mois l'espace compris entre les cercles polaires et les Pôles, parce que le plus grand jour est de six mois sous les Poles.

D. Tous les climats ont-ils la même étendue?

R. Les climats de demi-heure vont en diminuant depuis l'Equateur jusqu'aux cercles polaires, au lieu que les climats de mois augmentent depuis ces cercles jusqu'aux pôles.

D. Comment peut-on savoir en quel climat est une ville?

R. Il suffit de connoître son plus long jour, d'en retrancher 12 heures, et de réduire le reste en demi-heures. Par exemple, à Paris le plus long jour est de 16 heures, c'est-à-dire, de 4 heures ou de 8 demi-heures de plus qu'à l'Equateur ; par conséquent, Paris est au huitième climat.

D. Connoissant le climat d'un lieu, comment trouver son plus long jour?

R. Prenez la moitié du nombre qui indique le climat d'un lieu, et ajoutez-la à 12, vous aurez son plus long jour. Par exemple, Paris est au huitième climat ; ainsi son plus long jour est de 8 demi-heures, ou de 4 heures de plus qu'à l'Equateur, c'est-à-dire, de 16 heures.

De la Longitude et de la Latitude.

D. Comment peut-on déterminer la position d'un lieu sur le globe terrestre?

R. C'est par la connoissance de sa longitude et de sa latitude.

D. Qu'est-ce que la longitude?

R. C'est la distance du méridien d'un lieu au premier méridien. Elle se mesure sur l'Equateur ou sur ses parallèles, qu'on divise en 360 degrés, en allant de l'occident à l'orient.

D. Où place-t-on le premier méridien?

R. Par une ordonnance de Louis XIII, le premier méridien est placé à l'île de Fer, la plus occidentale des Canaries, et c'est de là que l'on compte les degrés de longitude. Les Astronomes français les comptent ordinairement du méridien de Paris, qui est à 20 degrés de celui de l'île de Fer ; mais ils distinguent la longitude en orientale et en occidentale, de 180 degrés chacune. Les Hollandais prennent leur premier méridien au pic de Ténériffe, l'une des Canaries ; et d'autres peuples le placent ailleurs.

D. *Qu'est-ce que la latitude ?*

R. La latitude est la distance d'un lieu à l'Equateur. Elle se mesure sur le Méridien, et elle est toujours égale à l'élévation du Pôle au-dessus de l'horizon du lieu dont il s'agit.

D. *Combien compte-t-on de degrés de latitude ?*

R. On en compte 90 de chaque côté de l'Equateur ; c'est pourquoi on distingue la latitude en septentrionale et en méridionale, selon qu'un lieu est au nord ou au sud de l'Equateur.

D. *Indiquez la position d'un lieu par le moyen de sa longitude et de sa latitude.*

R. La ville de Paris, par exemple, est au 20.e degré de longitude, et au 48.e degré 50 minutes de latitude. Si donc l'on décrit un arc de cercle qui traverse l'Equateur au 20.e degré, et un autre arc qui coupe le méridien au 48.e degré 50 minutes, le point de rencontre des deux lignes sera précisément le lieu où cette ville est située.

D. *Tous les degrés de latitude sont-ils égaux ?*

R. Oui ; mais il n'en est pas de même des degrés de longitude, qui vont toujours en diminuant de l'Equateur aux Pôles, par le rapprochement des méridiens.

D. *Comment nomme-t-on les habitans de la terre qui ont une longitude et une latitude diamétralement opposées ?*

R. On les appelle *antipodes*, qui veut dire *contre-pieds*, parce qu'ils ont les pieds opposés les uns aux autres.

D. Comment cela peut-il se faire ?

R. Cela vient de ce que la Terre étant ronde, et tous les corps tendant toujours vers son centre, nos antipodes sont aussi droits sur la Terre, que nous le sommes ; mais ils ont les saisons, les jours, et les heures tout opposés aux nôtres.

D. A quoi servent encore la longitude et la latitude ?

R. A mesurer les distances, et par conséquent la grandeur du globe terrestre. Pour cet effet, on compte pour un degré de longitude pris sur l'Equateur, et pour un degré de latitude, 25 lieues communes, ou 20 lieues marines : et si l'on multiplie 25 par 360, on aura 9000 lieues pour la circonférence de la Terre.

Des différens Systèmes du monde.

D. Quelles sont les différentes opinions des savans sur le système du monde ?

R. Les principales sont celles de Ptolémée, de Copernic, de Tycho-Brahé et de Descartes.

D. En quoi consiste le système de Ptolémée ?

R. Ptolémée, célèbre astronome d'Alexandrie, qui vivait vers l'an 138 de J. C., suppose que la Terre est immobile au centre du monde. Autour de la Terre, il fait tourner en 24 heures le ciel avec tous les astres, d'occident en orient ; ce qui donne le jour et la nuit. Outre ce mouvement commun, les étoiles fixes, et les planètes au nombre desquelles il met le Soleil et la Lune, font des révolutions particulières d'occident en orient, en des temps inégaux, selon leur éloignement de la Terre. La Lune en est la plus voisine : au-dessus de la Lune, circulent Mercure, Vénus, le Soleil, Mars, Jupiter et Saturne, la plus élevée de toutes celles qu'il connût. Ce système, uniquement fondé sur des apparences, mais contraire aux observations astronomiques et aux principes de la physique, est abandonné depuis environ trois siecles.

D. Quel est le systeme de Copernic?

R. C'est celui que nous avons suivi dans cet Abrégé. Copernic, né à Thorn, dans la Prusse Royale, en 1473, renouvela et étendit ce systeme qui avait été adopté par quelques philosophes anciens. Kléper, Galilée, Newton, et d'autres savans l'ont perfectionné après lui, et l'ont porté au dernier point d'évidence ; en sorte que c'est aujourd'hui la seule maniere raisonnable d'expliquer les phénomènes célestes.

D. Dites-nous quelque chose du système de Tycho-Brahe.

R. Tycho-Brahé, gentilhomme danois, qui parut après Copernic, approuvoit tout le systeme de celui-ci, à l'exception du mouvement de la Terre, qui lui sembloit contraire à l'Ecriture Sainte. Il crut donc corriger cette prétendue erreur, en plaçant la Terre immobile au centre du monde. Autour de la Terre, il faisoit tourner la Lune, puis le Soleil et toutes les étoiles ; tandis que le Soleil étoit le centre du mouvement des cinq autres planetes.

D. Quel est le système de Descartes?

R. Descartes, né en Touraine vers la fin du 16.e siecle, a cru trouver un moyen vraisemblable d'expliquer le mouvement des astres, en imaginant des tourbillons qui environnent certaines planetes principales, et sont entrainées avec elles dans leur mouvement, aussi bien que les planetes moindres qui se trouvent dans ces tourbillons. Ce philosophe regarde chacune des étoiles fixes comme autant de soleils qui sont au centre d'un tourbillon auquel elles donnent le mouvement. Son système est celui de Copernic ; mais l'idée des tourbillons n'est pas heureuse.

Des Mesures de distance.

	Toises.
Le degré du globe terrestre est de 25 lieues, ou de	57008.
La lieue commune de France est de 25 au degré, ou de	2280 $\frac{1}{3}$.
La lieue marine ou d'une heure, est de 20 au degré, ou de	2856 $\frac{4}{10}$.
La lieue de poste en France est d'environ	2000.
Le mille d'Italie ou mille géométrique de 60 au degré, est de	950.
Le mille de Rome est de	764.
Le mille d'Allemagne de 15 au degré, est de	2800.
Le mille d'Angleterre est de	830.
La lieue d'Espagne de 20 au degré, est de	2850.
La lieue de Portugal de 18 au degré, est de	3167.
Le verst de Russie de 104 au degré, est de	548.
Le myriamètre, nouvelle mesure française, est de 2 lieues 1 quart, ou de	5131.
Le Kilomètre est d'environ un quart de lieue de poste, ou de	513.

FIN DE L'ABRÉGÉ D'ASTRONOMIE.

GÉOGRAPHIE
ÉLÉMENTAIRE.

GÉOGRAPHIE MODERNE.

NOTIONS PRÉLIMINAIRES.

D. *Qu'est-ce que la Geographie ?*

R. La Geographie est la description de la Terre. Cette description consiste à faire connoître les diverses parties de la terre et de la mer, le cours des rivieres, la position des villes, les mœurs et le caractere des différens peuples, les productions de chaque pays, etc.

D. *De quels moyens se sert-on pour cette etude ?*

R. On se sert du Globe artificiel et des Cartes géographiques. Le Globe représente la Terre dans sa rondeur; et les Cartes représentent en détail les différentes parties du Globe.

D. Quelle carte faut-il étudier après le Globe ?

R. C'est la *Mappemonde*, qui représente le globe terrestre en deux hémisphères, avec les différens cercles qui les divisent.

D. Indiquez sur cette carte les quatre points cardinaux.

R. Au haut de la carte est le nord; au bas, le midi; à droite, l'orient ou l'est; et à gauche, l'occident ou l'ouest. Il en est de même des autres cartes.

D. Marquez les quatre points intermédiaires.

R. À égale distance du nord et de l'est, c'est le *nord-est*; entre l'est et le sud, le *sud-est*; entre l'ouest et le sud, le *sud-ouest*; et entre l'ouest et le nord, le *nord-ouest*. Ces quatre points répondent à peu près aux quatre angles des cartes.

D. Comment mesure-t-on sur les cartes la distance d'un lieu à un autre ?

R. On pose les deux pointes d'un compas sur les lieux dont on veut connoître la distance; ensuite on porte cette ouverture de compas sur le méridien ou sur l'équateur; le nombre de degrés que l'on a, étant réduits en lieues à raison de 11 myriamètres (ou 25 lieues) par degré, sera la distance que l'on cherche. On peut aussi se servir des échelles qui se trouvent sur les cartes.

Division générale du Globe terrestre.

D. De quoi est composée la surface du globe terrestre ?

R. Elle est composée de terre et d'eau.

D. Comment divise-t-on la terre ?

R. On la divise en continens et en îles.

D. Qu'est-ce qu'un continent ?

R. Un continent est une vaste étendue de terre

qui comprend plusieurs régions qui ne sont pas séparées par les eaux.

D. *Combien y a-t-il de continens ?*

R. Il y a deux principaux continens ; l'ancien, qui renferme l'Europe à l'ouest, l'Asie à l'orient, et l'Afrique au midi, et le nouveau, qu'on appelle *Amérique*, à l'ouest de l'ancien.

D. *Pourquoi leur a-t-on donné ces noms ?*

R. L'ancien continent est ainsi nommé, parce qu'il a été connu et habité par les Anciens. L'autre s'appelle *nouveau*, parce qu'il n'est découvert que depuis 1492.

D. *La Terre a donc quatre parties principales ?*

R. Oui : ce sont l'Europe, l'Asie, l'Afrique et l'Amérique. Outre ces quatre parties, il y en a une cinquième, que les Géographes modernes appellent *Océanique*, et qui est située entre l'Asie et l'Amérique. Elle se compose d'une multitude d'îles, la plupart récemment découvertes.

D. *Qu'est-ce qu'une île ?*

R. C'est une portion de terre environnée d'eau de tous côtés.

D. *Qu'est-ce qu'une presqu'île ?*

R. Une *presqu'île* ou *péninsule* est une portion de terre entourée d'eau, excepté d'un côté par où elle communique au continent voisin.

D. *Qu'est-ce qu'un isthme ?*

R. C'est une langue de terre qui joint une presqu'île au continent, ou deux continens ensemble, comme l'isthme de Suez, qui joint l'Afrique à l'Asie.

D. *Qu'entendez-vous par un cap ?*

R. Un cap est une pointe de terre qui s'avance dans la mer. Les Anciens l'appeloient *promontoire*.

D. *Qu'appelle-t-on une côte ?*

R. On donne le nom de *côtes* aux parties de la terre qui bordent la mer.

De la division de l'eau.

D. Comment divise-t-on l'eau ?

R. L'eau se divise en mers, golfes, détroits, baies, rades, lacs, fleuves, rivières, etc.

D. Qu'est-ce que la mer ?

R. La mer est ce grand amas d'eau salée qui enveloppe la terre, et qui prend différens noms suivant la situation de ses diverses parties : on l'appelle aussi *Océan*.

D. Combien y a-t-il de mers principales ?

R. Il y en a quatre, savoir : l'Océan Occidental, entre l'ancien et le nouveau continent ; la Mer Glaciale, au nord de l'Europe, de l'Asie et de l'Amérique ; la mer des Indes, au midi de l'Asie ; et la mer du Sud ou mer Pacifique, entre l'Asie et l'Amérique.

D. Qu'est-ce qu'un golfe ?

R. C'est une partie de mer qui s'avance dans les terres. Quand elle est considérable, on lui donne le nom de *mer intérieure*, comme la Méditerranée entre l'Europe et l'Afrique.

D. Qu'est-ce qu'un détroit ?

R. Un détroit est une partie de mer très-resserrée entre deux terres, et qui joint deux mers ensemble, ou un golfe à une mer, comme le détroit de Gibraltar, à l'entrée de la Méditerranée.

D. Qu'est-ce qu'une baie ?

R. C'est un petit golfe, dont l'entrée est resserrée.

D. Qu'est-ce qu'une rade ?

R. Une rade est un espace de mer enfoncé dans les terres, où les vaisseaux peuvent jetter l'ancre, et sont à l'abri de certains vents.

D. Qu'est-ce qu'un archipel ?

R. C'est un endroit de la mer parsemé d'îles.

D. Qu'est-ce qu'un lac ?

R. Un lac est un grand amas d'eaux dormantes, qui ne communiquent à la mer que par une rivière, ou par des canaux souterrains.

D. *Qu'est-ce qu'un fleuve ?*

R. C'est une eau courante qui va de sa source à la mer. Si elle est peu considérable, on lui donne le nom de *rivière*.

D. *Qu'est-ce qu'un confluent ?*

R. C'est l'endroit où deux rivières se réunissent et commencent à couler ensemble.

D. *Qu'est-ce que l'embouchure ou la bouche d'une rivière ?*

R. C'est l'endroit où elle se jette dans un lac ou dans la mer.

D. *Qu'est-ce que la droite et la gauche d'une rivière ?*

R. C'est le rivage qui est à la droite et à la gauche de celui qui descend cette rivière.

D. *Qu'appelle-t-on la marée ?*

R. C'est le mouvement régulier de la mer par lequel elle monte sur les côtes deux fois en 24 heures. On l'appelle aussi le *flux* et *reflux*.

EUROPE.

Description générale de l'Europe.

D. *Qu'est-ce que l'Europe ?*

R. L'Europe est la moins grande des quatre parties de la Terre ; mais elle est la plus considérable, tant par sa population et par son commerce, que par la douceur et l'industrie de ses habitans, et par leur amour pour les lettres, les sciences et les arts.

D. *Quelles sont les bornes de l'Europe ?*

R. L'Europe est bornée au nord, par la Mer Glaciale ; à l'est, par l'Asie et la Mer Noire ; au sud, par la Méditerranée qui la sépare de l'Afrique ; et à l'ouest, par l'Océan.

D. *Quelle est son étendue ?*

R. Elle a environ 1,200 lieues, depuis le 7.e degré jusqu'au 77.e de longitude ; et 900 lieues, depuis le 35.e jusqu'au 72.e degré de latitude septentrionale.

D. *En combien de parties divise-t-on l'Europe ?*

R. En quatorze parties principales, savoir : quatre au nord, qui sont, les Iles Britanniques ou l'Angleterre, les Etats de Danemarck, la Suède et la Russie d'Europe ; sept au milieu, qui sont, la France, les Pays-Bas, la Suisse, les Etats d'Allemagne, l'Empire d'Autriche, et la Prusse ; et quatre au midi, le Portugal, l'Espagne, les Etats d'Italie, et la Turquie d'Europe.

D. *Quel est le gouvernement de ces Etats ?*

R. Il est monarchique, ou républicain, ou mixte.

D. Qu'est-ce qu'un gouvernement monarchique ?

R. C'est celui où l'autorité souveraine est entre les mains d'un seul homme, comme en France, en Espagne, etc. On l'appelle *despotique*, quand le Souverain est maître absolu de la vie et des biens de ses sujets, et ne reconnoît d'autres lois que sa volonté, comme en Turquie.

D. Qu'est-ce que le gouvernement républicain ?

R. C'est celui où l'autorité est entre les mains de plusieurs personnes. Il est *aristocratique*, quand ce sont les nobles qui gouvernent ; et il est *démocratique*, quand le peuple assemblé gouverne par lui ou par ses représentans.

D. Qu'appelle-t-on gouvernement mixte ?

R. C'est celui qui est *mêlé* ou composé de deux ou trois sortes de gouvernemens, comme en Angleterre.

D. Quels sont les principaux caps de l'Europe ?

R. Le Cap-Nord, à la pointe septentrionale de l'Europe ; le Cap de la Hogue, au nord-ouest de la France ; le Cap Finistère, au nord-ouest de l'Espagne ; le Cap Saint-Vincent au sud-ouest du Portugal ; et le Cap Matapan, au sud de la Morée, dans la Turquie d'Europe.

D. Quelles sont les montagnes de l'Europe ?

R. Les Dophrines, entre la Norwège et la Suède ; les Pyrénées, entre la France et l'Espagne ; les Alpes, entre la France, l'Allemagne et l'Italie ; les Apennins, qui traversent l'Italie dans sa longueur ; les monts Krapacks ou *Carpathes*, au nord de la Hongrie ; et les monts Urals ou *Poyas*, qui séparent l'Europe de l'Asie. Le mont Hécla en Islande, le mont Vésuve dans le royaume de Naples, et le mont Etna en Sicile, sont trois volcans ou montagnes brûlantes.

D. Quels sont les golfes de l'Europe ?

R. Au nord de la Russie, la Mer Blanche ; dans

la Suède, la Mer Baltique, qui forme les golfes de Bothnie et de Finlande; le golfe de Murray, au nord-est de la Grande-Bretagne; le golfe de Gascogne, entre la France et l'Espagne; la Mer Méditerranée, au sud de l'Europe, formant le golfe du Lion, au sud de la France; le golfe de Gênes, à l'est du précédent; le golfe de Venise ou *Mer Adriatique*, à l'est de l'Italie; le golfe de Lépante, au nord de la Morée; l'Archipel, autrefois *Mer Egée*; la mer de Marmara, autrefois la *Propontide*; la Mer Noire ou *Pont-Euxin*, et la Mer d'Azow ou de Zabache, autrefois les *Palus Méotides*.

D. *Quels sont les principaux détroits de l'Europe?*

R. Le détroit de Waigats, au nord-est de l'Europe; le Sund, à l'entrée de la mer Baltique, entre le Danemarck et la Suède; le canal de St.-Georges, entre l'Angleterre et l'Irlande; le pas de Calais, entre la France et l'Angleterre; le détroit de Gibraltar, à l'entrée de la Méditerranée; le phare de Messine ou détroit de Sicile, entre la Sicile et l'Italie; le détroit des Dardanelles, autrefois l'*Hellespont*, entre l'Archipel et la mer de Marmara; le canal de Constantinople ou *Bosphore de Thrace*, entre la mer de Marmara et la mer Noire; et le détroit de Caffa ou *Bosphore Cimmérien*, entre la mer Noire et la mer d'Azow.

D. *Nommez les isthmes de l'Europe.*

R. L'isthme de Corinthe, à l'entrée de la Morée, et l'isthme de Précop, à l'entrée de la petite Tartarie, au nord de la mer Noire.

D. *Quelles en sont les îles principales?*

R. Dans la mer Baltique, le Séeland et la Fionie; dans l'Océan, la Grande-Bretagne, l'Irlande et l'Islande; dans la Méditerranée, les îles Majorque, Minorque et Ivica, la Corse, la Sardaigne, la Sicile, Malte, Candie, Négrepont et l'Archipel de la Grèce.

D. *Faites connoître les presqu'îles de l'Europe.*

R. La Norwège et la Suede, au nord; le Jutland, qui fait partie du Danemarck; au sud, l'Espagne et le Portugal, l'Italie, la Morée, et la Crimée, au nord de la mer Noire.

D. *Quels sont les principaux lacs de l'Europe?*

R. Le lac Ladoga et celui d'Onéga, en Russie; le Wéter, le Wéner et le Méler, en Suède; le lac de Geneve, à l'est de la France; le lac de Constance, au nord-est de la Suisse; le lac Majeur, celui de Côme, et celui de Guarda, au nord de l'Italie.

D. *Quels en sont les principaux fleuves?*

R. Dans la Russie, le Wolga qui se perd dans la mer Caspienne; le Don ou Tanaïs, qui coule dans la mer d'Azow, et le Dniéper ou Borysthènes, qui se jette dans la mer Noire. En Allemagne, le Danube, qui coule de l'ouest à l'est dans la mer Noire, et le Rhin qui se perd dans la mer du Nord.

Nota. Comme il est naturel de connoître d'abord le pays qu'on habite, nous commencerons par décrire la France; nous parlerons ensuite des Etats qui l'environnent, et avec lesquels elle a des relations plus particulières.

FRANCE.

D. *Quel nom portoit autrefois la France?*

R. La France s'appeloit autrefois la *Gaule*, du nom des *Gaulois*, ses habitans. Jules César en fit la conquête en dix ans, et la réduisit en province romaine. Elle prit le nom de *France*, après que les *Francs*, sortis de la Germanie, y eurent établi leur empire, sous Pharamond, leur chef, vers l'an 420. C'est le plus ancien royaume de l'Europe: il a eu 69 rois, de trois races différentes, jusqu'à Louis XVIII, actuellement régnant.

D. *Quelle est l'étendue de la France ?*

R. La France s'étend entre le 13.e et le 26.e degré de longitude, et entre le 42.e et le 52.e de latitude nord; ce qui fait environ 220 lieues, de l'ouest à l'est, et 250 du midi au nord.

D. *Quelles sont ses bornes ?*

R. Elle est bornée au nord par la Manche et les Pays-Bas; à l'est, par l'Allemagne, la Suisse, la Savoie et le Piémont; au sud, par la Méditerranée et par l'Espagne, et à l'ouest par l'Océan.

D. *Quel est son climat et sa fertilité ?*

R. La France, située au milieu de la zone tempérée, est un des pays les plus favorisés de la nature. Elle jouit en général d'un climat doux; l'air y est pur et sain; le terroir fertile produit abondamment tout ce qui est nécessaire aux besoins des habitans. Ses manufactures sont pour elle, en temps de paix, une source féconde de richesses.

D. *Quel est le caractère des Français ?*

R. Les Français sont en général spirituels, gais, polis, mais légers, d'une conception vive, d'une imagination ardente, habiles à la guerre, industrieux dans la paix, et cultivent avec succès les arts et les sciences.

D. *Quelle religion suit-on en France ?*

R. La religion catholique y est dominante. On y compte 9 archevêchés ou métropoles, et 42 évêchés.

D. *Quelles variations a éprouvées le gouvernement en France ?*

R. La France a été gouvernée par des Rois pendant près de quatorze cents ans. Clovis, qui commença de régner en 481, est regardé comme le véritable fondateur de la monarchie française.

Charlemagne, le deuxième roi de la seconde race, porta le royaume de France au plus haut point de grandeur. Il poussa ses conquêtes jusqu'en Espagne, en Italie et aux extrémités de l'Allemagne, et fut couronné Empereur d'Occident en 800. Dans la suite, les Souverains seuls de l'Allemagne conservèrent ce titre, que François I. voulut revendiquer et disputer à Charles-Quint.

En 1792, une violente révolution suspendit l'exercice de l'autorité royale, et y substitua le gouvernement républicain. Après bien des secousses et des variations dans cette forme de gouvernement, durant l'espace de vingt-deux ans, la famille des Bourbons, rappelée par le vœu général des Français, est remontée sur le trône. Le roi porte le titre de *Très-Chrétien*, et l'héritier présomptif de la couronne, celui de *Dauphin*.

D. Quelles sont les principales autorités de l'Etat ?
R. Les principales autorités sont 1.° une Chambre des Pairs, composée des nobles du royaume; 2.° une Chambre des députés des départemens, qui concourt avec le Roi et la Chambre des Pairs à la formation des lois; 3.° un Conseil d'Etat; 4.° des tribunaux civils, des Cours royales qui jugent en dernier ressort, et une Cour de cassation.

D. Nommez les montagnes de la France.
R. Les Alpes, entre la France et l'Italie; les Pyrénées, entre la France et l'Espagne; le Jura, entre la Suisse et la France; les Vosges, entre la Lorraine et l'Alsace; les Monts d'Or et le Cantal, en Auvergne; et les Cévennes dans le Languedoc.

D. Quelles sont les principales rivières de la France ?
R. Il y en a quatre principales: la Loire, qui sort des montagnes des Cévennes, en Languedoc, passe à Roanne, à Nevers, à Orléans, à Blois, à Tours, à Saumur, à Nantes, et se jette dans

l'Océan. Elle reçoit à gauche, l'Allier, le Cher, l'Indre et la Vienne, et à droite, le Loir, joint à la Sarthe et à la Mayenne.

La Seine, qui a sa source en Bourgogne, près du village de Saint-Seine, arrose Châtillon-sur-Seine, Troyes, Melun, Paris, Rouen, et se jette dans la Manche près du Hâvre. Elle reçoit l'Yonne à Montereau, la Marne près de Paris, et l'Oise au dessous de Pontoise.

Le Rhône, qui sort du mont de la Fourche en Suisse, traverse le Valais, le lac de Genève, arrose Genève, Lyon, Vienne, Valence, Avignon, Arles, et se jette dans le golfe du Lion par plusieurs embouchures. Il reçoit dans son cours la Saône à Lyon, l'Isère près de Valence, et la Durance au dessous d'Avignon.

La Garonne, qui prend sa source au val d'Aran, dans les Pyrénées, passe à Toulouse, à Agen, à Bordeaux, et après avoir reçu la Dordogne au Bec d'Ambez, se décharge dans l'Océan, sous le nom de *Gironde*. Elle reçoit encore le Tarn, le Lot et l'Aveyron.

Les autres rivières remarquables sont la Marne en Champagne, la Meuse et la Moselle en Lorraine, la Somme en Picardie, la Charente dans la Saintonge, la Saône en Bourgogne, et le Doubs en Franche-Comté.

D. *Quelle étoit l'ancienne division de la France ?*

R. Avant la révolution de 1789, la France étoit divisée en 32 provinces ou grands gouvernemens militaires, dont huit au nord, treize au milieu, et onze au midi, et huit autres petits qui étoient enclavés dans les grands.

Les huit gouvernemens du nord étoient :

                              Capitales.

1. La Flandre française,   Lille.
2. L'Artois,   Arras.
3. La Picardie,   Amiens.

FRANCE

	Capitales.
4. La Normandie,	Rouen.
5. L'Ile-de-France,	Paris.
6. La Champagne,	Troyes.
7. La Lorraine,	Nancy.
8. L'Alsace,	Strasbourg.

Les treize du milieu, en allant de l'ouest à l'est, étoient :

1. La Bretagne,	Rennes.
2. Le Maine,	Le Mans.
3. L'Anjou,	Angers.
4. La Touraine,	Tours.
5. L'Orléanois,	Orléans.
6. Le Berry,	Bourges.
7. Le Nivernois,	Nevers.
8. La Bourgogne,	Dijon.
9. La Franche-Comté,	Besançon.
10. Le Poitou,	Poitiers.
11. L'Aunis,	La Rochelle.
12. La Marche,	Guéret.
13. Le Bourbonnois,	Moulins.

Les onze gouvernemens du midi étoient :

1. La Saintonge avec l'Angoumois,	Saintes.
2. Le Limosin,	Limoges.
3. L'Auvergne,	Clermont.
4. Le Lyonnois,	Lyon.
5. Le Dauphiné,	Grenoble.
6. La Guyenne,	Bordeaux.
7. Le Béarn,	Pau.
8. Le Comté de Foix,	Foix.
9. Le Roussillon,	Perpignan.
10. Le Languedoc,	Toulouse.
11. La Provence,	Aix.

Les huit petits gouvernemens étoient :

1. Paris, dans l'Ile-de-France.

2. Le Boulonnois, dans la Picardie.
3. Le Hâvre-de-Grâce, en Normandie.
4. Saumur, et le Saumurois, en Anjou.
5. Les évêchés de Metz et de Verdun, en Lorraine.
6. Celui de Toul, en Lorraine.
7. Sédan, en Champagne.
8. L'Ile-de-Corse.

D. *Comment la France est-elle divisée ?*

R. On la divise en 85 départemens ou préfectures, sans y comprendre l'île de Corse. Chaque préfecture se divise en plusieurs sous-préfectures ou arrondissemens communaux. On en compte 23 au nord, 29 au milieu, et 53 au midi. Nous comparerons les départemens avec les anciennes provinces.

DÉPARTEMENS DU NORD.

Flandre.

D. *Quel département remplace la Flandre* (1) ?

R. La Flandre française, qui étoit une des dix-sept provinces des Pays-Bas, et dont Louis XIV fit la conquête en 1667, forme, avec le Hainaut et le Cambresis, le département du Nord, qui est ainsi appelé à cause de sa situation.

Le département du Nord est arrosé par la Scarpe, l'Escaut, la Lys et la Deule. Il abonde en blé et en excellens pâturages. On y fabrique des toiles, des dentelles, et diverses étoffes de laine.

---

(1) Cette demande pourra servir pour les autres départemens, ainsi nous ne la répéterons pas.

Il contient six sous-préfectures, qui sont:

Lille, chef-lieu du département, place forte, sur la Deule, avec une bonne citadelle construite par Vauban, à 59 lieues de Paris. C'étoit la capitale de la Flandre française.

Douai, ville forte, avec une cour royale, une académie et un collége royal.

Cambrai, sur l'Escaut, siége d'un évêché qui a été illustré par Fénélon.

Avesnes.— Dunkerque, port de mer, et Cassel.

On remarque encore *Valenciennes*, ville forte, renommée par ses belles dentelles; *Bergues, le Quesnoy* et *Landrecies*.

Artois.

L'Artois, qui étoit une des dix-sept provinces des Pays-Bas, fut conquis par Louis XIII sur les Espagnols, en 1640. Il forme avec le Boulonnois et le pays reconquis, qui dépendoient de la Picardie, le département du *Pas-de-Calais*.

Le département du Pas-de-Calais, ainsi nommé du détroit qui le sépare de l'Angleterre, est arrosé par la Lys et la Scarpe: ses productions sont les mêmes que celles du précédent. Il est divisé en six sous-préfectures, qui sont:

Arras, ville forte, sur la Scarpe, chef-lieu, évêché, et ci-devant capitale de l'Artois, a 49 lieues de Paris. Sa citadelle est l'ouvrage de Vauban.

Boulogne, port de mer.—Saint-Omer, place forte, sur l'Aa.—Béthune.—Saint-Pol.—Montreuil, port de mer.

Calais, place forte et port de mer, est le passage ordinaire de France en Angleterre. Elle est fameuse par le siége qu'elle soutint contre Edouard III, roi d'Angleterre, qui la prit en 1347. Le duc de Guise la reprit en 1558; ce qui fit donner à ce petit pays le nom de *pays reconquis*.

Picardie.

La Picardie, qui n'a jamais été aliénée de la couronne, forme le département de la *Somme*, qui tire son nom de la rivière qui l'arrose.

Le département de la Somme produit du blé et des pâturages; son commerce consiste en toiles, étoffes et bas de laine. Il contient cinq sous-préfectures, qui sont:

Amiens, sur la Somme, chef-lieu, ci-devant capitale de la Picardie, avec un évêché, une académie, un collége royal, et une cour royale, à 31 lieues de Paris. La nef de la cathédrale passe pour un chef-d'œuvre d'architecture gothique. Il s'y fabrique diverses étoffes de laine, du savon, des huiles de graines, etc. Les Espagnols surprirent cette ville en 1597; mais Henri IV la reprit glorieusement la même année.

Abbeville, sur la Somme, renommée par ses fabriques de draps dits *Van-Robais*.

Doullens, place forte. — Péronne, ville forte, qui n'a jamais été prise. — Montdidier, où quelques rois de la troisième race ont tenu leur cour.

On remarque encore *Saint-Valery*, petit port à l'embouchure de la Somme.

Normandie.

La Normandie, appelée autrefois *Neustrie*, tire son nom des *Normands* ou hommes du nord, qui vinrent des bords de la Baltique, ravagèrent la France pendant près de cent ans, et s'établirent dans cette province sous Rollon, leur chef. Guillaume, l'un de ses successeurs, descendit en Angleterre, et en fit la conquête. La Normandie appartint alors aux rois d'Angleterre; mais au 13.ᵉ siècle elle fut réunie à la France par Philippe-Auguste.

Ce pays est en général fertile; on y élève une

belle race de chevaux. Le cidre et le poiré remplacent le vin qui y manque. On y fait commerce de toiles, d'étoffes de coton, de draps et de verrerie.

La Normandie forme les cinq départemens de la *Seine-inférieure*, du *Calvados*, de la *Manche*, de *l'Orne*, et de *l'Eure*.

1. Le département de la Seine Inférieure, ainsi nommé de la Seine qui y termine son cours, comprend la partie nord-est de la Normandie, et contient cinq sous préfectures, qui sont:

Rouen, sur la Seine, chef-lieu, archevêché, ci-devant capitale de la Normandie, avec une académie, un collége royal, et une cour royale, à 31 lieues de Paris. C'est l'une des plus grandes et des plus commerçantes villes de France. Elle a un pont de bateaux qui monte et descend deux fois par jour avec les marées, et qui s'ouvre pour donner passage aux vaisseaux. Ses fabriques nombreuses donnent beaucoup d'activité à son commerce.

Le Hâvre, port de mer, à l'embouchure de la Seine. C'est une ville très-commerçante, et qui a un préfet maritime.

Dieppe, port de mer. — Yvetot. — Neuf-Châtel, dont les fromages sont fort estimés.

On y remarque aussi *Forges*, célèbre par ses eaux minérales; *Arques*, fameuse par la victoire d'Henri IV sur le duc de Mayenne, chef de la ligue, en 1589; *Eu*, qui a un beau château, et *Caudebec*, où l'on fabrique des chapeaux de ce nom.

2. Le département du Calvados, dans la partie nord-ouest de la Normandie, tire son nom d'un rocher qui borde la mer. Il se divise en six sous-préfectures, savoir:

Caen, sur l'Orne, chef-lieu, avec une académie, un collége royal, une école de droit, et une cour royale, ci-devant capitale de la Basse Normandie, à 57 lieues de Paris. On y fabrique des draps fins, serges, futaines, dentelles, bonneteries et chapeaux

Bayeux, évêché.—Pont-l'Evêque, sur la Touques.—Liziéux.—Falaise; on tient dans un de ses faubourgs la foire de Guibrai.—Vire, sur la rivière de ce nom.

3. Le département de la MANCHE, qui tire son nom de la Manche qui baigne ses côtes, contient six sous-préfectures, savoir:

SAINT-LÔ, chef-lieu, sur la Vire, à 70 l. de Paris.

Coutances, sur la Soule, évêché.—Valogne, près de la mer.—Mortain, petite ville presque toute environnée de rochers escarpés.—Avranches, à une demi-lieue de la mer.

Cherbourg, qui a un vaste port propre à recevoir des vaisseaux de guerre.

Le commerce de ce département consiste en bestiaux, laines, beurre, soude et dentelles.

4. Le département de l'ORNE, ainsi appelé d'une rivière qui y prend sa source, est formé de la partie sud de la Normandie, et de la partie ouest du Perche. Il contient quatre sous-préfectures, savoir:

ALENÇON, chef-lieu, sur la Sarthe, à 50 lieues de Paris. Il s'y fabrique des dentelles nommées *points d'Alençon*; et l'on trouve aux environs des cailloux brillans qu'on appelle *diamans d'Alençon*.

Domfront, petite ville.—Argentan, où l'on fabrique des dentelles nommées *points de France*.

Mortagne, ci-devant capitale du Perche, près de laquelle étoit l'abbaye de la Trappe, si connue par l'austérité de ses religieux.

On remarque aussi *Séez*, évêché; et l'*Aigle*, jolie petite ville.

5. Le département de l'EURE, formé de la partie est de la Normandie, tire son nom de la rivière d'Eure qui l'arrose, et contient cinq sous-préfectures, savoir:

EVREUX, sur l'Iton, chef-lieu, évêché, à 26 lieues de Paris.

Pont-Audemer.—Louviers, sur l'Eure, célébre par ses manufactures de draps.—Les Andelys, et Bernay.

Les autres villes sont *Elbeuf*, sur la Seine, renommée par sa manufacture de draps, et *Ivry*, sur l'Eure, bourg fameux par la bataille que Henri IV y gagna en 1590 sur le duc de Mayenne.

Ile-de-France.

L'Ile-de-France, arrosée par les rivières de Seine, de Marne, d'Oise et d'Aisne, qui en font une espèce d'île, est assez fertile en blé, fruits et légumes. Elle forme les cinq départemens de la *Seine*, de *Seine-et-Oise*, de l'*Oise*, de l'*Aisne*, et de *Seine-et-Marne*.

1. Le département de la SEINE, situé au centre de l'Ile-de-France, est traversé par la Seine, qui lui donne son nom. Il contient trois sous-préfectures, qui sont :

PARIS, sur la Seine, chef-lieu, archevêché. C'est l'une des plus grandes, des plus riches et des plus florissantes villes du monde, la capitale du royaume, la résidence ordinaire du Roi, et le siége des premieres autorités. Paris renferme un grand nombre de palais et d'hotels magnifiques, des jardins qui sont les plus beaux de l'Europe. Elle a une académie divisée en cinq facultés, quatre colléges royaux, et plusieurs établissemens pour les progrès des sciences et des arts. C'est d'ailleurs le centre de l'industrie, de la politesse et du bon goût. On y compte environ 700 mille habitans.

Saint-Denis, à 2 lieues de Paris. Son abbaye est la sépulture ordinaire des rois.

Seaux, bourg où le duc de Penthièvre avoit un beau château.

2. Le département de SEINE-ET-OISE, ainsi nommé du confluent de ces deux rivières, est formé de la partie ouest de l'Ile-de-France, et

se divise en six sous-préfectures, savoir:

VERSAILLES, chef-lieu, évêché, à quatre lieues de Paris. C'est une très-belle ville, où nos rois faisoient leur résidence, depuis que Louis XIV y fit bâtir un magnifique château, orné d'un superbe jardin. Elle a depuis peu une belle manufacture d'armes et un collége royal. A l'extrémité du parc, est Saint-Cyr, où est établie l'école royale militaire.

Près de Versailles, est le bourg de *Marly*, où l'on admire une machine ingénieuse qui fait monter les eaux de la Seine à Versailles.

Mantes, sur la Seine. — Pontoise, ainsi nommée, parce qu'elle a un pont sur l'Oise. L'armée de Charles VII la prit d'assaut sur les Anglais, en 1442.

Corbeil, où il se fait un grand commerce de grains et de farines. — Etampes, vers le sud; et Rambouillet, qui a un beau château royal.

On remarque encore *Saint Germain en Laye*, près de laquelle est une superbe forêt; *St.-Cloud*, sur la Seine, avec un magnifique château, et un parc orné de belles eaux; et *Sèvres*, bourg renommé par sa manufacture de porcelaines.

3. Le département de l'Oise, ainsi appelé d'une rivière qui le traverse, est formé de la partie nord de l'Ile-de-France, et contient quatre sous-préfectures, qui sont:

BEAUVAIS, chef-lieu, à 18 lieues de Paris. Elle a une manufacture de tapisseries renommées. Le duc de Bourgogne l'assiégea en vain en 1472, avec une armée de quatre-vingt mille hommes. Les femmes s'y distinguèrent par leur courage, sous la conduite de Jeanne Hachette.

Compiégne, sur l'Oise, près d'une très-belle forêt. Elle a un château où les rois faisoient souvent leur résidence.

Clermont, appelée aussi Clermont-en-Beauvoisis.

Senlis, au milieu d'une grande forêt.

Près de Senlis, est *Chantilly*, où les princes de Condé avoient un magnifique château.

Noyon, près de l'Oise, est la patrie du fameux Calvin, auteur de la secte de son nom.

4. Le département de l'Aisne tire son nom de la rivière d'Aisne qui l'arrose, et se joint à l'Oise au-dessus de Compiégne. Il est formé du Laonnois, du Soissonnais et de la partie de la Picardie appelée le *Vermandois*. Il se divise en cinq sous-préfectures, qui sont :

Laon, chef-lieu, à 33 lieues de Paris. A l'ouest de cette ville, est le château de *Saint-Gobin*, où est établie une belle manufacture de glaces.

Soissons, sur l'Aisne, évêché, ancienne et belle ville, où nos premiers rois faisoient leur résidence.

Saint-Quentin, place forte, sur la Somme.

Château-Thierry, sur la Marne, patrie du bon La Fontaine.

Vervins, célèbre par le traité de paix conclu entre Henri IV et Philippe II, roi d'Espagne, en 1598.

Guise, ancien duché, fameux par une branche de princes de Lorraine, qui en a porté le nom.

5. Le département de Seine-et-Marne, ainsi nommé des deux rivières qui le traversent, est formé de la Brie champenoise, et du Gâtinais français. Il produit en abondance des grains, du vin et des fourrages, et se divise en cinq sous-préfectures, savoir :

Melun, chef-lieu, sur la Seine, à 10 lieues de Paris. C'est la patrie d'Amyot, traducteur de Plutarque.

Meaux, sur la Marne, évêché illustré par Bossuet, et ci-devant capitale de la Brie. C'est de ses environs que viennent les fromages appelés *fromages de Brie*. Près de cette ville est le célèbre collège de Juilly.

Fontainebleau, qui a un château royal, avec une belle forêt. A 4 lieues est Nemours, assez jolie ville, sur le Loing.

Coulommiers, sur le Morin. — Provins, renommée par ses conserves de roses.

Montereau, au confluent de la Seine et de l'Yonne. Le duc de Bourgogne fut assassiné en 1419, sur le pont de cette ville, par les officiers de Charles VII, alors Dauphin de France.

Champagne.

Cette province fut gouvernée autrefois par des Comtes souverains jusqu'en 1284, qu'elle fut réunie à la couronne par le mariage de Philippe-le-Bel avec Jeanne, reine de Navarre et comtesse de Champagne. Les rivières qui l'arrosent sont la Seine, la Marne, la Meuse, l'Aube et l'Aisne.

Elle est peu fertile en blé et en pâturages; mais elle abonde en seigle et en vins excellens. Elle forme aujourd'hui les quatre départemens de la *Marne*, des *Ardennes*, de l'*Aube*, et de la *Haute-Marne*.

1. Le département de la MARNE, qui doit son nom à la rivière qui le traverse, occupe toute la partie de la Champagne qui produit les meilleurs vins. Il est divisé en cinq sous-préfectures, savoir:

CHÂLONS-SUR-MARNE, chef-lieu, ville ancienne et assez belle, à 43 lieues de Paris.

Reims, sur la Vesle, ville ancienne et commerçante. Il s'y fabrique diverses étoffes de laine, des biscuits et d'excellent pain d'épices. Les côteaux voisins produisent un vin délicieux. On admire le portail de son ancienne cathédrale. Son archevêque avoit le droit de sacrer les rois. Cette ville a un collége royal, et renferme plusieurs monumens anciens.

Sainte-Ménehould, sur l'Aisne. — Epernay, sur la Marne, renommée par ses vins.

Vitri-le-François, sur la Marne, fondée par François I, qui lui donna son nom.

2. Le département des ARDENNES porte le nom d'une vaste forêt qui en couvre la plus grande partie. Il est fertile en blé, en pâturages ; il a aussi des mines de fer, et des carrières d'ardoise. Il est formé de la partie nord de la Champagne, et contient cinq sous-préfectures, savoir :

MÉZIÈRES, chef-lieu, sur la Meuse, à 60 lieues de Paris. Elle est bien fortifiée, et a une manufacture d'armes. Charles-Quint fut obligé d'en lever le siége en 1521, par la vigoureuse résistance du fameux chevalier Bayard.

Sédan, place forte, sur la Meuse, où l'on fabrique de très-beaux draps, connus sous les noms de *Pagnon* et de *Rousseau*. C'est la patrie du maréchal de Turenne.

Rocroy, fameuse par la bataille que le duc d'Enghien, depuis grand Condé, y gagna sur les Espagnols, en 1643.

Réthel ou Mazarin, sur l'Aisne. — Vouziers, bourg près de Réthel.

On remarque encore *Charleville*, près de Mézières, sur la Meuse, avec une manufacture d'armes ; *Bouillon*, ci-devant duché, réuni à la France en 1795 ; *Charlemont* et *Givet*, places fortes.

3. Le département de l'AUBE, ainsi nommé de la rivière qui l'arrose, est formé de la partie sud-ouest de la Champagne. Il est fertile en grains et en vins, il se divise en cinq sous-préfectures, savoir :

TROYES, sur la Seine, chef-lieu, évêché, ci-devant capitale de la Champagne, à 39 lieues de Paris. Il s'y fait un grand commerce de toiles, de bougie et de charcuterie.

Arcis-sur-Aube, petite ville. — Bar-sur-Aube, renommée par ses vins. — Nogent-sur-Seine ; et Bar-sur-Seine, qui dépendoit de la Bourgogne.

Pont-sur-Seine a un très beau château.

4. Le département de la HAUTE-MARNE, ainsi nommé de la Marne qui y prend sa source, produit des grains et d'excellens pâturages. Il est formé de la partie sud-est de la Champagne, et contient trois sous-préfectures, savoir :

CHAUMONT, chef-lieu, situé dans le Bassigny, sur une montagne près de la Marne, à 61 lieues de Paris.

Langres, sur une montagne, étoit renommée autrefois par sa coutellerie. C'est le point le plus élevé de la France. La Marne, la Meuse et la Vingeanne y prennent leur source.

Vassy, sur la Blaise, est connue dans l'histoire par le massacre qu'on y fit des Huguenots en 1562, et qui fut le prélude des guerres de religion.

Bourbonne-les-Bains, célèbre par ses eaux minérales.

Lorraine.

La Lorraine, qui comprenoit aussi le Barrois et les trois évêchés de Metz, Toul et Verdun, a appartenu long-temps à des Ducs particuliers, qui descendoient de Gérard d'Alsace, oncle de l'empereur Conrad. L'empereur Henri-le-Noir lui donna la Lorraine à titre de Duché en 1048, et ses descendans en ont joui jusqu'au traité de Vienne en 1736, qu'elle fut cédée à la France, en échange de la Toscane, à la charge d'en laisser la jouissance au roi de Pologne Stanislas Ier, mort en 1766.

Ce pays produit généralement tout ce qui est nécessaire à la vie. Il a des salines, de grandes forêts, d'excellens pâturages, des mines de fer, de cuivre et d'argent, etc. Ses rivières sont la Meuse, la Moselle, la Seille, la Meurthe et la Sare.

Il forme les quatre départemens de la *Meuse*, de la *Moselle*, de la *Meurthe*, et des *Vosges*.

Le

1. Le département de la Meuse est ainsi nommé de la rivère qui y prend sa source, et se jette dans la mer du Nord, après avoir traversé la Hollande. Il est formé du Barrois, de l'évêché de Verdun, et du petit pays d'Argonne. Il se divise en quatre sous-préfectures, qui sont :

Bar le Duc ou Bar sur-Ornain, chef-lieu, assez jolie ville, sur la rivière d'Ornain, à 64 lieues de Paris. Les environs produisent des vins délicats et estimés.

Verdun, sur la Meuse, place forte, renommée pour ses dragées.

Montmédi, place forte, qui a été cédée à la France par le traité des Pyrénées en 1659.

Commercy, sur la Meuse, avoit un très-beau château.

Les autres villes sont *Stenay*, autrefois place forte, *Saint-Mihel*, *Clermont en Argonne*, *Vaucouleurs*, et *Varennes*, où Louis XVI fut arrêté le 17 juin 1791.

2. Le département de la Moselle, formé de la partie nord de la Lorraine, tire son nom de la Moselle, qui a sa source dans les Vosges, et se jette dans le Rhin près de Coblentz. Il se divise en quatre sous-préfectures, qui sont :

Metz, chef-lieu, place forte, évêché, au confluent de la Moselle et de la Seille, à 80 lieues de Paris. C'étoit la capitale de l'ancien royaume d'Austrasie. Elle a une cour royale, une académie et un collége royal. Les Juifs y ont une synagogue et un quartier particulier.

Thionville, place forte, sur la Moselle; elle appartient à la France depuis le traité des Pyrénées en 1659.

Briey. — Sarguemine, au confluent de la Sare et de la Blise.

Les autres villes sont *Longwy* et *Sar-Louis*, places fortes. La France a perdu cette dernière par le traité de Paris en 1815.

E

3. Le département de la MEURTHE, au sud du précédent, est ainsi appelé d'une riviere qui a sa source dans les Vosges, et se jette dans la Moselle au-dessous de Nancy. On y trouve beaucoup de bois, et quelques fontaines salées. Il se divise en cinq sous préfectures, savoir :

NANCY, sur la Meurthe, chef lieu, ci-devant capitale de la Lorraine, avec un évêché, une académie, un collège royal et une cour royale, à 85 lieues de Paris. La partie qu'on appelle la *Ville neuve*, est grande et décorée de superbes édifices. Les rues en sont tirées au cordeau, et les maisons bâties avec goût. La place où l'on voit le palais de l'ancienne cour souveraine, est magnifique.

Toul, sur la Moselle, ci-devant évêché. Sa manufacture de faience est renommée.

Lunéville, sur la Meurthe, a un château magnifique, où les ducs de Lorraine tenoient leur cour. C'est-là que Stanislas passa les trente dernières années de sa vie à faire le bonheur de ses sujets.

Sarbourg, sur la Sare, dépendoit ci-devant de l'électorat de Trèves.

Château-Salins, petite ville remarquable par ses salines.

On remarque encore *Pont-à-Mousson*, sur la Moselle, qui avoit une université; et *Marsal*, place forte, située dans des marais salés.

4. Le département des VOSGES, qui tire son nom d'une longue chaîne de montagnes, est formé de la partie sud de la Lorraine. Il produit du vin, des grains de toute espece, et des bois de construction. On y trouve des mines de fer, d'or et d'argent, et des eaux minérales; et l'on y fait d'excellent Kirschenwaser (eau de cerise).

Il contient cinq sous-préfectures, savoir :

EPINAL, chef lieu, sur la Moselle, à 90 lieues de Paris; c'est une ville assez commerçante.

Neuf-Château, sur la riviere de Mouzon,

Mirecourt, renommée par ses dentelles et ses instrumens de musique. — Saint-Dié, à l'est, sur la Meurthe. — Remiremont, célèbre par son ancien chapitre de chanoinesses nobles.

Plombières est renommée par ses eaux minérales.

Alsace.

L'Alsace, à l'est de la Lorraine, est un des pays les plus fertiles de la France. Elle a été long-temps sous la domination des rois d'Austrasie. Elle fut possédée ensuite par des landgraves (ou juges de provinces) établis par Othon III; et après avoir passé dans la maison d'Autriche, elle retourna à la France, par le traité de Munster, en 1648, et lui fut confirmée irrévocablement par la paix de Riswick, en 1697.

Elle forme aujourd'hui les deux départemens du *Haut-Rhin* et du *Bas-Rhin*, qui tirent leur nom du fleuve qui les borne à l'est.

1. Le département du HAUT-RHIN, ainsi nommé parce que le Rhin y est plus près de sa source, est formé de la haute Alsace. Il produit des grains, du vin et de la garance. On y exploite des mines de fer, de plomb et de charbon de terre.

Il se divise en trois sous-préfectures, savoir :

COLMAR, chef-lieu, près de l'Ill, à 116 lieues de Paris. Cette ville a une manufacture d'indiennes fines. Son conseil supérieur est remplacé par une cour royale.

Altkirch, bourg, avec un tribunal.

Béfort, très-forte ville, ci-devant capitale du Sundgaw.

On remarque aussi *Huningue*, place forte, près du Rhin; *Sainte-Marie-aux-Mines*, célèbre par ses mines d'argent; *Neuf-Brisach*, ville forte, sur la rive gauche du Rhin, vis-à-vis du *Vieux-Brisach*, en Allemagne, et *Mulhausen*, ci-devant capitale d'une petite république alliée des Suisses.

2. Le département du BAS-RHIN, au nord du précédent, est formé de la basse Alsace. Il produit peu de blé, mais du vin très-estimé, du chanvre et du tabac. On y trouve des mines de plomb, de cuivre et d'argent, et des eaux minérales.

Il est divisé en quatre sous-préfectures, qui sont :

STRASBOURG, chef-lieu, évêché, sur l'Ill, près du Rhin, à 122 lieues de Paris. Elle est remarquable par l'importance de ses fortifications, et par la beauté de sa cathédrale. On voit dans cette église une horloge qui passe pour un chef-d'œuvre de mécanique et d'astronomie. C'étoit autrefois une ville impériale : Louis XIV s'en rendit maître en 1681. Elle a une académie, un collège royal, une école de droit, et une école de médecine. Sa position y rend le commerce très florissant.

Weissembourg, ville autrefois libre et impériale.

Saverne, au pied des Vosges, dans un pays agréable. — Barr, petite ville.

On remarque encore *Schelestat*, ville forte sur l'Ill, *Haguenau*, ville forte, et *Fort-Louis*, bâti par Louis XIV dans une île du Rhin.

La France a perdu la forteresse de *Landau* par le traité de Paris en 1815.

DÉPARTEMENS DU MILIEU.

Bretagne.

LA Bretagne, ainsi nommée des *Bretons* chassés d'Angleterre, qui s'y réfugièrent vers le 8.e siècle, s'appeloit autrefois *Armorique*. Elle eut long-temps des Ducs particuliers qui en étoient souverains. Elle fut réunie à la France en 1532, par les mariages de Charles VIII et de Louis XII avec Anne de Bretagne, fille et héritière du dernier Duc.

La Bretagne est avantageusement située sur la mer, où elle a un grand nombre de ports. Elle produit peu de blé et de vin; mais son beurre est renommé. On y fabrique beaucoup de toiles et de cordages pour les vaisseaux.

Elle forme les cinq départemens d'*Ille-et-Vilaine*, des *Côtes-du-Nord*, du *Finistère*, du *Morbihan* et de la *Loire-Inférieure*.

1. Le département d'ILLE-ET-VILAINE, ainsi nommé de deux rivières qui l'arrosent, comprend la partie est de la Bretagne, et se divise en six sous-préfectures, savoir :

RENNES, chef-lieu, évêché, sur la Vilaine, à 91 lieues de Paris. Elle a une académie, un collège royal, une école de droit et une cour royale.

Saint-Malo, port de mer très-commerçant.— Fougères.— Montfort.— Redon et Vitré, toutes deux sur la Vilaine.

2. Le département des CÔTES-DU-NORD, ainsi nommé des côtes qui le bornent vers le nord, est fertile en grains et en chanvre; il se divise en cinq sous-préfectures, savoir :

SAINT BRIEUX, chef-lieu, évêché, port de mer, à 118 lieues de Paris.

Lannion, qui a des eaux minérales. — Dinan, sur la Rance. — Loudeac et Guingamp.

Les autres villes sont *Tréguier*, sur la mer, et *Lamballe*, qui étoit du ci-devant duché de Penthièvre, ainsi que Guingamp.

3. Le département du FINISTÈRE, ainsi nommé parce que c'est la fin des terres de France du côté de l'ouest, est peu fertile, et se divise en cinq sous-préfectures, savoir:

QUIMPER ou *Quimper-Corentin*, chef-lieu, évêché, dans le ci-devant pays de Cornouailles, à 138 lieues de Paris.

Brest, l'un des plus beaux ports de France, et le principal arsenal de la marine, avec une préfecture maritime. Sa rade peut contenir cinq cents vaisseaux de ligne.

Morlaix, qui a des manufactures de tabacs et des fabriques de toiles à voiles. — Château-Lin et Quimperlay.

4. Le département du MORBIHAN, qui doit son nom a un petit golfe au-dessous de Vannes, est formé de la partie sud de la Bretagne, et contient quatre sous-préfectures, savoir:

VANNES, chef-lieu, évêché, situé au fond d'un golfe, à une heue de la mer, et a 108 l. de Paris. Elle est dans une situation avantageuse pour le commerce.

L'Orient, port de mer, qui a un préfet maritime. — Ploermel. — Pontivy, où l'on a établi un collége royal. *Port Louis*, port de mer, à l'embouchure du Blavet. C'est dans ce département qu'est la presqu'île de Quiberon.

5. Le département de la LOIRE-INFÉRIEURE, ainsi nommé de la Loire qui y termine son cours, est fertile en grains, et nourrit beaucoup de bestiaux. On y fabrique des indiennes, des toiles de coton et de très-beau linge de table. Il est divisé en cinq sous-préfectures, qui sont:

NANTES, chef-lieu, avec un port sur la Loire, à 97 lieues de Paris ; cette ville, l'une des plus commerçantes de France, a un évêché et un collège royal. C'est-là que Henri IV donna, en 1593 en faveur des Calvinistes, le fameux édit de Nantes que Louis XIV révoqua en 1585.

Savenay.— Châteaubriant.— Ancenis, sur la Loire, et Paimbœuf, où s'arrêtent les vaisseaux qui ne peuvent remonter la Loire. Près de la côte est *l'île de Noirmoutier*, qui a des marais salans.

Maine.

Cette province, qui comprenoit le Maine et le Perche, fut réunie à la couronne, le Maine par Louis XI, et le Perche par St. Louis. Elle est assez fertile en blé, vin et chanvre ; elle a des carrières de marbre et d'ardoise, et des mines de fer. Les poulardes y sont excellentes. Elle forme, avec la partie nord de l'Anjou, les départemens de la *Sarthe* et de la *Mayenne*, qui prennent leur nom de deux rivières qui les arrosent.

1. Le département de la SARTHE est formé de la partie sud du Maine, et contient quatre sous-préfectures, savoir :

Le MANS, chef-lieu, sur la Sarthe, évêché et ci-devant capitale du Maine, à 53 lieues de Paris. On y fabrique des étamines et des bougies qui rendent son commerce florissant.

Mamers, sur la Dive.— Saint-Calais.— La Flèche, où les Jésuites avoient un beau collège fondé par Henri IV. On y a établi une école royale militaire.

2. Le département de la MAYENNE, qui est formé de la partie ouest du Maine, et d'une partie de l'Anjou, contient trois sous-préfectures, savoir :

LAVAL, chef-lieu, sur la Mayenne, à 68 lieues de Paris. Il s'y fait un grand commerce de toiles.

Mayenne et Château-Gontier, sur la Mayenne.

On fabrique dans la première des toiles de lin et de chanvre, des toiles de coton, des siamoises et des mouchoirs.

L'Anjou.

L'Anjou, qui fut réuni à la Couronne avec le Maine par Louis XI, forme aujourd'hui le département de *Maine-et-Loire*, qui tire son nom de la Mayenne ou Maine, et de la Loire qui l'arrosent. Il est fertile en vin, blé, légumes et fruits. Ses carrières d'ardoise sont les meilleures de la France. Il contient cinq sous-préfectures, qui sont.

ANGERS, chef-lieu, sur la Mayenne, évêché, et ci-devant capitale de l'Anjou, à 76 lieues de Paris. Toutes les maisons y sont couvertes en ardoise. Il y a dans cette ville une cour royale, une académie et un collége royal.

Baugé. — Segré. — Saumur, sur la Loire, et Beaupréau qui possède une école des arts et métiers.

Les autres villes sont *Fontevrault*, ancienne et célèbre abbaye; *Pont-de-Cé*, qui a un château, et un fort beau pont sur la Loire, fameux par la défaite de l'armée de Marie de Médicis par le Maréchal de Créqui, en 1620.

Touraine.

La Touraine, long-temps possédée par les Anglois, leur fut enlevée par Philippe-Auguste, et fut réunie à la Couronne par S. Louis. La douceur du climat, la fertilité du sol, et son excellente culture, l'ont fait nommer avec raison le *jardin de la France*. Ce pays forme le département d'*Inde-et-Loire*, qui tire son nom de deux rivières qui s'y réunissent. Il contient trois sous-préfectures, savoir :

TOURS, sur la Loire, chef-lieu, archevêché, et ci-devant capitale de la Touraine, à 59 lieues de Paris. C'est une ville ancienne, située dans une plaine agréable et fertile. Elle a des manufactures de soie et de faïence, et fait un grand commerce de pruneaux.

Loches, petite ville, sur l'Indre, patrie de la fameuse *Agnès Sorel*.

Chinon, sur la Vienne, remarquable, par le séjour qu'y fit Charles VII, roi de France.

Amboise, sur la Loire, où l'on a établi une manufacture d'acier. Elle a un assez beau château, où Charles VIII mourut subitement en regardant jouer à la paume.

Orléanois.

Cette province, qui étoit un domaine originaire de la Couronne, forme aujourd'hui les départemens du *Loiret*, d'*Eure-et-Loir*, du *Loir-et-Cher*. Ses rivières principales sont la Loire, le Loir et le Loing. Son sol est fertile en blé, vin, fruits et bois.

1. Le département du LOIRET est ainsi nommé d'une petite rivière qui se jette dans la Loire au-dessous d'Orléans, après un cours de deux lieues. Il est formé de l'Orléanois propre, et se divise en quatre sous-préfectures, qui sont :

ORLÉANS, sur la Loire, chef.-lieu, évêché, ci-devant capitale de l'Orléanois, à 30 lieues de Paris. Cette ville fait un grand commerce de vin, d'eau-de-vie, de vinaigre, et de sucre, dont elle a de belles rafineries. Elle a une académie, un collége royal, une cour royale, un beau pont, et une cathédrale bien bâtie. Elle est célèbre par deux siéges qu'elle soutint, l'un contre Attila, roi des Huns, en 450, et l'autre contre les Anglois, en 1428. C'est ce dernier siége que fit lever la fameuse Jeanne d'Arc, appelée *la Pucelle d'Orléans*, dont on voit la statue dans cette ville. La forêt d'Orléans est très-considérable ; elle est traversée par le

Canal d'Orléans, qui joint la Loire à la Seine par le moyen du Loing.

Montargis, sur le Loing, ci-devant capitale du Gâtinois. Elle a deux papéteries renommées.

Pithiviers, dont le safran est le meilleur de l'Europe.

Gien, sur la Loire. A quelques lieues de là commence le *Canal de Briare* qui se jette dans le Loing à Montargis, et ensuite dans la Seine.

2. Le département d'Eure et-Loir, ainsi nommé de deux rivières qui y prennent leur source, est formé de la partie de l'Orléanois qu'on appeloit *Beauce* et *Pays Chartrain*, et de la partie est du Perche. Il produit du froment en abondance, et contient quatre sous-préfectures, savoir :

CHARTRES, chef-lieu, sur l'Eure, à 24 lieues de Paris. On admire le clocher de son église, autrefois cathédrale.

Nogent-le-Rotrou, sur l'Huisne. — Château-Dun, près du Loir, ci-devant capitale du Dunois, avec un ancien château. — Dreux, sur la Blaise, remarquable par la bataille qui s'y donna, en 1562, sous Charles IX, et où les Calvinistes furent battus, et le prince de Condé fait prisonnier.

3. Le département de Loir-et-Cher, ainsi nommé de deux rivieres qui l'arrosent, est formé de la partie sud-ouest de l'Orléanois. Il produit des grains et du vin, et contient trois sous-préfectures, savoir :

BLOIS, chef-lieu, sur la Loire, à 44 lieues de Paris, dans un pays agréable et fertile. Elle a un beau château, et un pont magnifique.

Vendôme, sur le Loir, fameuse par les Seigneurs qu'elle a eus. — Romorantin, ci devant capitale de la Sologne. Chambor, château magnifique bâti par François I.er

Berri.

Cette province, qui fut d'abord gouvernée par des Comtes, fut réunie à la couronne par acquisition, sous Philippe I.er, en 1100. Elle est assez fertile en blé, en vin, en pâturages, et surtout en bois. Les laines en sont estimées. Elle forme les deux départemens du *Cher* et de l'*Indre*, qui tirent leur nom de deux rivières qui les arrosent.

1. Le département du CHER, formé de la partie est du Berri, contient trois sous-préfectures, qui sont :

BOURGES, chef-lieu, archevêché, à 58 lieues de Paris, ci-devant capitale du Berri, sur les rivières d'Auron et d'Yevre. Elle a une fort belle cathédrale, une académie, un collége royal, une cour royale, et une manufacture de toiles peintes. Elle avoit autrefois une université.

Sancerre, sur une montagne près de la Loire.

Saint-Amand, au sud de Bourges.

2. Le département de l'INDRE, formé de la partie ouest du Berri, contient quatre sous-préfectures, qui sont :

CHATEAUROUX, chef-lieu, sur l'Indre, à 65 lieues de Paris. Cette ville a des manufactures de draps, et de belles forges.

Issoudun, assez jolie ville. — La Châtre, sur l'Indre; et le Blanc, sur la Creuse.

Les moutons sont la principale richesse de ce département.

Nivernois.

Cette province, qui avoit titre de duché, abonde en mines de fer et en bois, et forme le département de la *Nièvre*, petite rivière qui l'arrose. Les autres rivières sont la Loire, l'Allier et l'Yonne.

Le département de la NIÈVRE, à l'est de celui du Cher, contient quatre sous-préfectures; savoir:

NEVERS, chef-lieu, sur la Loire, ci-devant capitale du Nivernois, à 58 lieues de Paris. Elle est bâtie en amphithéâtre, et a des manufactures d'émail et de faience. C'est la patrie de *Maitre Adam*, menuisier et poète.

Cosne, sur la Loire, dont la coutellerie est estimée, et où l'on forge des ancres de vaisseaux.

Clameci, au confluent du Beuvron et de l'Yonne. — Château Chinon, près de l'Yonne, a une manufacture de draps. Le tribunal civil est à Moulins-Engilbert.

Parmi les vins que produit ce département, on distingue les vins blancs de *Pouilly*.

Bourgogne.

La Bourgogne a eu long-temps le titre de royaume; mais ce royaume étoit beaucoup plus étendu que n'est aujourd'hui cette province. Sous la troisième race de nos rois, elle fut possédée par des Ducs, qui étoient fort puissans, et possédoient encore la Franche-Comté et les Pays-Bas. Après la mort de Charles *le Téméraire*, le dernier de tous, la Bourgogne a été réunie à la couronne par Louis XI, en 1477.

La Bourgogne, qui est fertile en grains, en bois, en fruits, et surtout en excellens vins, forme avec la Bresse les quatre départemens de la *Côte-d'Or*, de l'*Yonne*, de *Saône-et-Loire*, et de l'*Ain*. Ses principales rivières sont la Seine, la Saône, l'Yonne, le Rhône et la Loire.

1. Le département de la CÔTE-D'OR, ainsi nommé d'un côteau célèbre par l'excellent vin qu'il produit, est formé de la partie est de la Bourgogne, et contient quatre sous-préfectures, savoir:

DIJON, sur l'Ouche, chef-lieu, évêché, ci-devant capitale de la Bourgogne, à 78 lieues de Paris. C'est une ville bien bâtie et ornée de belles promenades. Elle a une académie, un collége royal, une école de droit, et une cour royale, des manufactures de toiles peintes et des fabriques de bougies, etc. Près de Dijon on voyoit un riche couvent de Chartreux, où étoient les magnifiques tombeaux des ducs de Bourgogne.

Beaune, renommée par ses bons vins. — Châtillon - sur - Seine. — Sémur en Auxois, sur l'Armançon.

Les autres villes sont *Nuits*, qui produit d'excellens vins; *Arnay-le-Duc*; *Auxonne*, sur la Saône; et *Citeaux*, ancienne et célèbre abbaye.

2. Le département de l'YONNE, doit son nom à l'Yonne qui se jette dans la Seine à Montereau. Il a plusieurs vignobles estimés, et son principal commerce est en vins. Il contient cinq sous-préfectures, savoir:

AUXERRE, sur l'Yonne, chef-lieu, à 44 lieues de Paris. Ses environs produisent de bons vins.

Sens, ville très-ancienne, au confluent de l'Yonne et de la Vanne. — Joigny, sur l'Yonne; — Tonnerre, sur l'Armançon, et Avallon, toutes trois renommées par leurs vins.

3. Le département de SAÔNE-ET-LOIRE, formé de la partie sud de la Bourgogne, tire son nom de deux rivières qui l'arrosent. Il contient cinq sous-préfectures, qui sont:

MACON, sur la Saône, chef-lieu, à 97 lieues de Paris. Les vins de ses environs sont fort estimés.

Autun, évêché, ville très-ancienne, qui renferme de beaux restes d'antiquités romaines.

Châlons sur-Saône. — Charolles, sur la Ressouse; et Louhans.

On remarque encore *Cluni*, ancienne et fameuse abbaye de Bénédictins; *Bourbon-Lancy*, sur la Loire, qui a un château et des eaux minérales; et *Mont-Cénis*, petite ville, qui a une belle manufacture de crystaux.

4. Le département de l'AIN, ainsi nommé de l'Ain

qui a sa source au mont Jura, est formé de la Bresse, du Bugey, de la principauté de Dombes, et du pays de Gex. Il est fertile en blé, et a d'excellens pâturages ; les volailles de Bresse sont fort estimées. Il contient cinq sous-préfectures, savoir :

Bourg, chef-lieu, au bord de la Ressouse, et ci-devant capitale de la Bresse, à 105 lieues de Paris.

Belley. — Nantua, sur un lac de même nom, à deux lieues du Rhône.

Trévoux, près de la Saône, capitale de la ci-devant principauté de Dombes, avoit une imprimerie célèbre, que le duc du Maine y avoit établie.

Gex, qui fournit des cuirs et des fromages estimés. Entre Genève et Gex, on remarque *Ferney*, qui a été long-temps le séjour de Voltaire.

Franche-Comté.

La Franche-Comté, après avoir eu des souverains particuliers, passa aux derniers ducs de Bourgogne, dont l'héritière, Marie, l'apporta en mariage à Maximilien d'Autriche. Charles-Quint, leur petit-fils, unit cette province à l'Espagne. Louis XIV la conquit en 1674, sur Charles II, fils de Philippe IV ; et elle est demeurée à la France par le traité de Nimègue en 1678.

La Franche-Comté forme les trois départemens du *Doubs*, de la *Haute-Saône*, et du *Jura*. Ce pays abonde en blé, vin, fruits et sel : on y trouve des mines de fer, du marbre, du jaspe et même de l'albâtre. Les montagnes nourrissent quantité de chevaux et de bestiaux.

1. Le département du Doubs, ainsi nommé d'une rivière qui prend sa source au mont Jura, et se jette dans la Saône près de Verdun, est formé du milieu de la Franche-Comté. Il contient quatre sous-préfectures, qui sont :

Besançon, sur le Doubs, chef-lieu, ci-devant capitale de la province, à 91 lieues de Paris. C'est une ville ancienne, belle et très-forte, avec une bonne citadelle. Elle a un archevêché, une académie, un collége royal, des manufactures d'horlogerie, et plusieurs restes d'antiquités romaines.

Baume, qui avoit une abbaye de religieuses nobles. — Saint-Hippolyte, dont le tribunal est à   . — Montbéliard, ci-devant principauté, réunie à la France depuis 1796. — Pontarlier, sur le Doubs, près du mont Jura. C'est une ville commerçante et un passage commode pour aller en Suisse.

2. Le département de la HAUTE-SAÔNE, ainsi nommé de la Saône qui y prend sa source, produit beaucoup de maïs, du vin et des pâturages. Il est formé du nord de la province, et contient trois sous-préfectures, savoir :

VESOUL, chef-lieu, sur le Durgeon, au pied d'une montagne dite la *Motte de Vesoul*, à 85 lieues de Paris.

Gray, sur la Saône ; et Lure, ancienne abbaye de chanoines nobles. *Luxeuil* est remarquable par ses eaux minérales.

3. Le département du JURA, qui tire son nom des montagnes qui le séparent de la Suisse, est formé de la partie sud de la Franche-Comté, et contient quatre sous-préfectures, savoir :

LONS-LE-SAUNIER, chef-lieu, sur le Solvan, à 104 lieues de Paris. C'est une petite ville où l'on faisoit un grand commerce de sel.

Dôle, belle ville, sur le Doubs. — Saint-Claude, jolie ville, qui avoit un évêché érigé en 1742 ; et Poligny, jolie petite ville.

Les autres villes sont, *Salins*, remarquable par ses fontaines salées ; et *Arbois*, dont les vins sont estimés.

Poitou.

Le Poitou, qui a eu autrefois des comtes très-puissans, a appartenu aux Anglois pendant plusieurs années ; mais Charles V en fit la conquête en 1371, et le réunit à la France dont il n'a plus été séparé.

Le Poitou forme les trois départemens de la *Vendée*, des *Deux-Sèvres*, et de la *Vienne*. Ce pays est très-fertile en blé, et nourrit beaucoup de bestiaux qui en font le principal revenu. Il s'y trouve quantité de vipères.

1. Le département de la Vendée, qui tire son nom d'une petite rivière qui l'arrose, est formé de la partie ouest du Poitou, et contient trois sous-préfectures, savoir :

Bourbon-Vendée (ci-devant Roche-sur-Yon), chef-lieu, à 108 lieues de Paris. C'est une ville nouvellement rebâtie qui s'embellit chaque jour de plus en plus. Elle a un collége royal.

Fontenay-le-Comte, jolie ville sur la Vendée, où il se faisoit un grand commerce de bestiaux.

Les Sables d'Olonne, ville qui a un petit port sur l'Océan.

On remarque aussi *Montaigu*, *Luçon* et *l'île d'Yeu* près des côtes.

2. Le département des Deux-Sèvres est ainsi nommé de la Sèvre Nantaise qui se jette dans la Loire près de Nantes, et de la Sèvre Niortaise qui passe à Niort. Il est bien cultivé, et produit du blé et du maïs ; on y élève des bœufs et des moutons. Il contient quatre sous-préfectures, savoir :

Niort, chef-lieu, sur la Sèvre *Niortaise*, à 105 lieues de Paris. Elle commerce en blé, farines, laines, serges et peaux de chamois. On y confit très-bien l'angélique.

Thouars, sur la rivière de Thoué, a un beau château. — Melle. — Parthenay, sur la Thoué, commerce en bestiaux et en blé.

Les autres villes sont *Bressuire* au nord, et

FRANCE. 165

Saint-Maixent, sur la Sèvre, à l'est de Niort.

3. Le département de la VIENNE, formé de la partie est du Poitou, tire son nom d'une rivière qui le traverse et se jette dans la Loire. Il produit du vin, de l'eau-de-vie, des grains et des pâturages, et se divise en cinq sous-préfectures, savoir :

POITIERS, sur le Clain, chef-lieu, évêché, ci-devant capitale du Poitou, à 89 lieues de Paris. Elle a une académie, un collége royal, une école de droit et une cour royale. On y fabrique des draps de soie et des étoffes de laine. On y voit les restes d'un amphithéâtre et d'un grand aqueduc bâtis par les Romains. C'est près de cette ville que se donna, en 1356, la fameuse bataille où le roi Jean fut fait prisonnier par les Anglois.

Loudun, sur une montagne. — Châtellerault, connue par sa coutellerie. — Montmorillon, et Civrai.

Montcontour, sur la Dive, est remarquable par la bataille que le duc d'Anjou, depuis Henri III, y gagna en 1569, contre l'amiral Coligny.

Marche et Limosin.

Ces deux provinces réunies forment les trois départemens de la *Creuse*, de la *Haute-Vienne*, et de la *Corrèze*. La Marche est peu fertile en blé; mais elle a de bons pâturages. Elle fut confisquée au connétable de Bourbon, et réunie à la France par François I.er, en 1531.

Le Limosin est couvert de forêts de châtaigners, et ne produit guère que du seigle et de l'avoine. Il a des mines de plomb, de cuivre, d'étain, d'acier et de fer. Son commerce consiste en bestiaux et en chevaux. Charles V le conquit sur les Anglois, et le réunit à la couronne.

1. Le département de la CREUSE, qui tire son nom d'une rivière qui l'arrose, est formé de la partie est de la Marche, et de la partie nord est du

F 3

Limosin: Il se divise en quatre sous-préfectures, savoir:

Guéret, sur la Gartampe, chef-lieu, ci-devant capitale de la Marche, à 79 lieues de Paris.

Boussac, qui étoit dans le Berri. — Aubusson, sur la Creuse, connue par ses manufactures de tapisseries. — Bourganeuf, sur la rivière de Taurion.

2. Le département de la Haute-Vienne, ainsi nommé de la Vienne qui le traverse, est formé de la partie ouest de la Marche, et de la partie nord-ouest du Limosin. Il se divise en quatre sous-préfectures, qui sont:

Limoges, sur la Vienne, chef-lieu, évêché, ci-devant capitale du Limosin, à 98 lieues de Paris. Elle est mal bâtie, mais fort marchande. Elle a une académie, un collége royal, une cour royale, et des manufactures de porcelaine, de toiles et d'étoffes, des papéteries, etc.

Bellac, sur le Vinçon. — Rochechouart avec un château, sur une montagne. — St.-Yrieix, près de laquelle on trouve de la terre pour la porcelaine.

3. Le département de la Corrèze, ainsi nommé de la Corrèze qui le traverse et se jette dans la Dordogne, est formé de la partie sud du Limosin. Il se divise en trois sous-préfectures, qui sont:

Tulle, sur la Corrèze, chef-lieu, à 118 lieues de Paris.

Ussel. — Brives, jolie ville, dite la *Gaillarde*, à cause de la beauté de sa situation.

On remarque aussi *Uzerche*, petite ville sur un rocher escarpé, et *Turenne*, vicomté acquis par le roi en 1738, et que le Maréchal de Turenne a rendu célèbre.

Bourbonnois.

Le Bourbonnois, qui a été réuni à la France sous le règne de François I, tire son nom d'une de ses villes nommée *Bourbon-l'Archambaut*, et forme aujourd'hui le département de l'*Allier*. Il produit des grains, du vin, des pâturages, du bois et du charbon de terre.

Le département de l'ALLIER est ainsi nommé d'une rivière qui le traverse, et qui a sa source dans le département de la Haute-Loire. Il se divise en quatre sous-préfectures, qui sont:

MOULINS, chef-lieu, ci-devant capitale du Bourbonnois, avec un beau pont sur l'Allier, à 75 lieues de Paris. C'est une très-jolie ville, qui a peu de commerce. Elle a un collége royal, et sa coutellerie est renommée. On admire le mausolée du Duc de Montmorenci dans l'église de l'ancien couvent des Visitandines, occupé par le collége.

Montluçon, sur le Cher.—Gannat, petite ville; et la Palisse.

On remarque encore *Néris*, *Vichi*, et *Bourbon-l'Archambaut* ou *Bourbon-les-Bains*, toutes célèbres par leurs eaux minérales.

DÉPARTEMENS DU MIDI.

Aunis et Saintonge.

CES deux provinces réunies forment le département de la *Charente-Inférieure*, et celui de la *Charente*.

L'AUNIS, petit pays vers la mer, après avoir été pris à la France par les Anglois, rentra sous sa domination en 1372, sous le règne de Charles V. Son territoire, quoique sec, produit de bon blé, et beaucoup de vin, et fournit d'excellent sel.

La Saintonge qui fut reconquise sur les Anglois par Charles V, est fertile en blé, vins et fruits. On y fait le meilleur sel de l'Europe.

1. Le département de la CHARENTE-INFÉRIEURE,

ainsi nommé de la Charente qui y termine son cours, est formé de l'Aunis, et de la partie ouest de la Saintonge. Il contient six sous-préfectures, qui sont :

La Rochelle, chef-lieu, port de mer, évêché, ci-devant capitale de l'Aunis, à 125 lieues de Paris. Louis XIII la prit en 1628, après treize mois d'un siége mémorable, dirigé par le Cardinal de Richelieu. Elle a des rafineries de sucre, des manufactures de faïence, et un préfet maritime.

Saintes, près de la Charente, ci-devant capitale de la Saintonge. Cette ville conserve les restes d'un amphithéâtre, et un arc de triomphe en marbre blanc. Elle a une manufacture de porcelaines et de creusets de grès.

Rochefort, port célèbre par son arsenal et par son chantier de construction. Il y a une préfecture maritime.

Saint-Jean-d'Angely, sur la Boutonne. — Marennes, renommée par les huîtres vertes qu'on pêche sur ses côtes. — Jonsac, petite ville.

Taillebourg est remarquable par la bataille que St.-Louis y gagna contre les Anglois en 1242. Les îles de *Rhe* et d'*Oleron* sont près des côtes de ce département. Les étrangers en tirent beaucoup de vin et de sel.

2. Le département de la CHARENTE, qui tire son nom de la rivière qui l'arrose, est formé de l'Angoumois, et d'une partie de la Saintonge. Il contient cinq sous-préfectures, savoir :

Angoulême, chef-lieu, sur une montagne près de la Charente, évêché, ci-devant capitale de l'Angoumois, à 128 lieues de Paris. On voit de belles papéteries dans les environs. Son commerce consiste en grains, vins, eaux-de-vie, safran, étoffes de laine, etc.

Cognac, sur la Charente, renommée par ses eaux-de-vie.

Ruffec. — Confolens et Barbezieux.

Jarnac, sur la Charente, est fameuse par la victoire que le duc d'Anjou, depuis Henri III, y remporta en 1569 sur le prince de Condé, chef des Protestans, qui y fut tué.

Auvergne.

L'Auvergne, qui se divisoit en haute et basse, forme les départemens du *Puy-de-Dôme* et du *Cantal*.

Cette province, après avoir été gouvernée par des Comtes et des Ducs, fut réunie définitivement à la Couronne en 1527, sous François I.er

La Basse-Auvergne, qui est au nord, est très-fertile en blé et en vin, surtout dans la partie appelée la *Limagne*. La Haute, qui est couverte de montagnes où l'on trouve des traces de volcans, abonde en excellens pâturages, en plantes aromatiques et en eaux minérales. Le commerce des bestiaux et des fromages y est considérable, et fait la richesse du pays. L'Allier est la seule rivière remarquable.

1. Le département du PUY-DE DÔME, formé de la partie nord de l'Auvergne, est ainsi nommé d'une montagne célèbre par les expériences que Pascal y fit faire sur la pesanteur de l'air. La plaine de la Limagne, qui s'étend au nord et à l'est, présente l'aspect le plus riche et le plus riant. Il est divisé en cinq sous-préfectures, qui sont :

CLERMONT ou CLERMONT-FERRAND, chef-lieu, évêché, ci-devant capitale de l'Auvergne, à 95 lieues de Paris. C'est une ville grande et bien peuplée, située sur une éminence. Elle a une académie, un collége royal, de belles places et des promenades agréables. Sa cathédrale, qui n'est point achevée, est un édifice gothique remarquable. Il s'y tint un concile en 1095, dans lequel fut résolue la première Croisade. Elle a des fabriques de de beau papier, des eaux minérales, et des pâtes d'abricots fort renommées. On y voit une digue et un petit pont formés par les eaux pétrifiantes d'une source qui sort de l'enclos de Saint-Alyre. Clermont est la patrie de Pascal et de Domat. Elle s'appelle *Clermont-Ferrand*, depuis qu'on y a réuni la petite ville de *Montferrand*.

Riom, sur une colline, est une ville assez jolie, mais peu commerçante. Elle est le siége d'une cour royale.

Thiers, renommée par ses papéteries et sa coutellerie.

Ambert, jolie ville sur la Dore, a aussi des fabriques de papier.

Issoire, sur la Couze, dont les environs sont ornés de jolies maisons de campagne. Près de *Pontgibaud*, à l'ouest de Clermont, on trouve des mines de plomb mêlé d'un peu d'argent.

On remarque encore *Aigueperse*, *Billom* et *Vic-le-Comte*.

Au midi de ce département s'élève le Mont-d'Or, où l'on trouve des eaux minérales qui jouissent d'une grande réputation.

2. Le département du CANTAL, qui tire son nom d'une chaîne de montagnes qui le traverse, est formé de la haute Auvergne, et contient quatre sous-préfectures, savoir:

AURILLAC, chef-lieu, sur la Jordanne, à 127 lieues de Paris. Son commerce consiste en dentelles, bestiaux et fromages.

Saint Flour, évêché, sur une montagne. On y fait un grand commerce de chaudronnerie.

Mauriac, dont les chevaux sont estimés; et Murat, sur l'Alagnor. On trouve à *Chaudes-Aigues* des eaux minérales.

Lyonnois.

Le Lyonnois, qui comprenoit le Lyonnois propre, le Forez et le Beaujolois, forme les départemens du *Rhône* et de la *Loire*.

Le Lyonnois fut réuni à la couronne par acquisition, sous Philippe-le-Bel. Il produit de bons vins, du blé et des fruits en abondance.

1. Le département du Rhône, ainsi nommé du fleuve qui le borde à l'est, est formé de la partie sud-est du Lyonnois, et contient deux sous-préfectures, savoir :

Lyon, chef-lieu, archevêché, ci-devant capitale du Lyonnois, à 112 lieues de Paris. Cette ville, une des plus considérables de la France après Paris, fut fondée 41 ans avant J. C. Sa situation, au confluent du Rhône et de la Saône, et sa proximité de l'Italie, de la Suisse et de l'Allemagne, la rendront toujours le centre d'un commerce très-important. Ses manufactures d'étoffes de soie en or et argent ont le plus contribué à sa splendeur. Elle est décorée de belles places et de beaux édifices. Elle a une cour royale, une académie, et un collége royal. Elle avoit autrefois un chapitre de chanoines nobles, qui prenoient le titre de *Comtes de Lyon*.

Villefranche, jolie ville sur le Morgon, ci-devant capitale du Beaujolois. — *Condrieux*, renommée par ses bons vins.

2. Le département de la la Loire, ainsi nommé de la rivière qui le traverse, est formé du Forez et d'une partie du Beaujolois. Il produit du blé, du vin et du charbon de terre, et se divise en trois sous-préfectures, qui sont:

Montbrison, chef-lieu sur la Vezize, à 115 lieues de Paris. Cette ville est commerçante, et a des eaux minérales,

Roanne, sur la Loire, ville peuplée et commerçante.

Saint-Etienne, sur le Furens, dont les eaux sont très-bonnes pour la trempe du fer et de l'acier.

Cette ville est connue par ses manufactures d'armes, de coutellerie, de quincaillerie et de rubans.

Dauphiné.

Le Dauphiné, qui faisoit autrefois partie du royaume de Bourgogne, eut ensuite des comtes particuliers, dont la plupart portoient le nom de *Dauphins de Viennois* Le dernier, Humbert II, le céda à Philippe-de-Valois; depuis ce temps, et en vertu de cette donation, les rois de France ont fait porter à leurs fils aînés le titre de *Dauphin*.

Le Dauphiné forme les trois départemens de l'*Isère*, des *Hautes-Alpes* et de de la *Drôme*. Ce pays est en général montagneux et peu fertile. Les montagnes abondent en simples, en gibier, et en bois de construction.

1. Le département de l'Isère, est ainsi nommé d'une rivière qui prend sa source dans la Savoie, et se jette dans le Rhône près de Valence. Il est formé de la partie nord du Dauphiné, et produit à l'ouest des vins excellens, du blé, des olives; et à l'est, de bons pâturages Il contient quatre sous-préfectures, qui sont:

GRENOBLE, sur l'Isère, chef-lieu, évêché, et ci-devant capitale du Dauphiné, a 138 lieues de Paris. Elle a une académie, une cour royale, un collége royal et une école de droit, des fabriques de toiles, de chapeaux et de gants très-estimés.

Vienne, sur le Rhône, aux environs de laquelle on recueille les vins de Côte-Rôtie.

Saint-Marcellin, jolie ville près de l'Isère, dans un terroir fertile en bon vin.

La Tour-du-Pin, dont le tribunal est à Bourgoin.

On remarque encore le *Pont-de-Beauvoisin*, sur les frontières de la Savoie; la *Grande Chartreuse*,

treuse, ci-devant chef-d'ordre des Chartreux; et *Sassenage*, connu par ses fromages.

2. Le département des HAUTES-ALPES, ainsi nommé d'une partie des Alpes qui le borne à l'est, est formé de la partie est du Dauphiné. Il produit du bois et des pâturages; on en tire des peaux d'ours et de chamois, du fer, du cuivre et du plomb. Il contient trois sous-préfectures, savoir:

GAP, chef-lieu, au pied d'une montagne, à 154 lieues de Paris. Elle n'a point de commerce.

Briançon, près de la Durance, avec un château fort sur un roc escarpé.

Embrun, aussi sur un roc escarpé, près de la Durance. — *Mont-Dauphin*, place forte.

3. Le département de la DRÔME, tire son nom d'une rivière qui y prend sa source et se jette dans le Rhône. Il est formé de la partie sud-ouest du Dauphiné; il est fertile en grains et en pâturages, et se divise en quatre sous-préfectures, savoir:

VALENCE, sur le Rhône, chef-lieu, évêché, à 134 lieues de Paris. Le Pape Pie VI y est mort le 29 août 1799, et on lui a élevé un monument dans cette ville. C'est vers le nord, près de Thin, que l'on recueille les fameux vins de l'*Hermitage*.

Die, sur la Drôme. — Nyons, sur l'Eygues. — Montélimart, près du Rhône, dans une plaine fertile.

Romans, sur l'Isère; et *Saint-Paul-trois-Châteaux*, au sud.

Guienne.

La Guienne, qui comprenoit aussi la Gascogne, et qui portoit autrefois le nom d'*Aquitaine*, fut gouvernée par des rois et ensuite par des ducs. Elle passa sous la domination des Anglois, par le mariage d'Éléonore, héritière de cet état, avec Henri II, roi d'Angleterre. Mais après avoir été le théâtre d'une longue et sanglante guerre entre les deux nations, elle fut conquise et réunie à la France par Charles VII, en 1453.

La plus grande partie de ce vaste pays est fertile, et produit en abondance du blé, des fruits et des vins excellens; mais il s'y trouve aussi des cantons arides et stériles.

Elle forme aujourd'hui les neuf départemens de la *Dordogne*, de la *Gironde*, de *Lot-et-Garonne*, de *Tarn-et-Garonne*, du *Lot*, de l'*Aveyron*, du *Gers*, des *Landes*, et des *Hautes-Pyrénées*.

1. Le département de la DORDOGNE, ainsi nommé d'une rivière qui le traverse, et qui a sa source au Mont-d'Or, est formé de la partie nord de la Guienne appelée *Périgord*. Il ne produit que peu de grains et de vins; mais il abonde en truffes, gibier et châtaignes. Il se divise en cinq sous-préfectures, savoir :

PÉRIGUEUX, chef-lieu, sur l'Ille, à 119 lieues de Paris. On y trouve quelques débris de monumens romains. Elle est renommée pour ses poulardes, ses pâtés de perdrix et ses dindes aux truffes.

Sarlat, entre la Vézère et la Dordogne. — Bergerac, sur la Dordogne, ville petite, mais marchande. — Ribérac, et Nontron, deux bourgs assez considérables.

2. Le département de la GIRONDE, qui tire son nom de la Garonne et de la Dordogne réunies, est formé de la partie nord-ouest de la Guienne. Il produit d'excellens vins qui se transportent dans toutes les parties du monde. On le divise en six sous-préfectures, savoir :

BORDEAUX, chef-lieu, sur la Garonne, avec un beau port, archevêché, et ci-devant capitale de la Guienne, à 147 lieues de Paris. Cette ville, l'une des plus riches et des plus marchandes de la France, fait commerce des denrées de l'Amérique avec toute l'Europe. Ses vins, ses eaux-de-vie, et les diverses fabriques sont pour elle une source abondante de richesses. Elle a une académie, un collége royal, une cour royale, de belles places et de superbes édifices publics.

Blaye, qui a un port très-fréquenté sur la Gironde.

Libourne, ville fort marchande, sur la Dordogne. — La Réole, jolie petite ville, sur la Garonne. — Bazas, sur un rocher au sud; et Lesparre, vers le nord.

On remarque encore le *Fort-de-Médoc*, sur la Gironde; la *Tour de Cordouan*, à l'embouchure de cette rivière, où l'on allume des feux pour éclairer les vaisseaux; et la ville de *Coutras*, fameuse par la victoire que Henri IV y remporta sur la ligue, en 1587.

3. Le département de LOT-ET-GARONNE, ainsi nommé de deux rivières qui l'arrosent, est formé du milieu de la Guienne. Il est fertile en grains et en vin. Son commerce consiste en toiles, étoffes de laine, et bétail. On le divise en quatre sous-préfectures, savoir :

AGEN, chef-lieu, évêché, dans un beau pays, sur la Garonne, ville riche et ancienne, avec une cour d'appel, à 156 lieues de Paris. C'étoit la capitale de l'Agénois.

Marmande, sur la Garonne. — Nérac, sur la Blaise; et Villeneuve-l'Agénois.

Tonneins, sur la Garonne, a une manufacture de tabacs fort estimée.

4. Le département de TARN-ET-GARONNE, qui tire son nom de deux rivières qui l'arrosent, est formé de divers cantons des départemens du Lot, de la Haute-Garonne, du Tarn, du Gers, de Lot-et-Garonne, et de l'Aveyron. Il est fertile en blé, en vins estimés, et en pâturages. On le divise en trois sous-préfectures, savoir :

MONTAUBAN, sur le Tarn, chef-lieu, où l'on

G 2

fabrique des étoffes de soie et de laine, à 160 lieues de Paris. Cette ville a un évêché érigé en 1808.

Moissac, sur le Tarn, qui abonde en toutes sortes de denrées.

Castel-Sarrasin, près de la Garonne.

5. Le département du Lot, qui doit son nom à une rivière qui le traverse, est formé de la partie de la Guienne appelée le *Quercy*. Il produit du blé, des fruits, des vins estimés, de belle laine, des truffes, et d'excellent gibier. On le divise en trois sous-préfectures, savoir :

Cahors, sur le Lot, chef-lieu, évêché, à 145 lieues de Paris. Elle a une académie, un collége royal, et fait un grand commerce de vins.

Figeac, sur la Selle ; et Gourdon.

6. Le département de l'Aveyron, qui tire son nom d'une rivière qui l'arrose, et se jette dans le Tarn, est formé de la partie est de la Guienne appelée le *Rouergue*.

Il est fort montagneux, et abonde en pâturages où l'on élève beaucoup de bestiaux. Il contient cinq sous-préfectures, qui sont :

Rhodez, sur l'Aveyron, chef-lieu, à 156 lieues de Paris. Cette ville a un collége royal, et il s'y fait un grand commerce de mulets avec l'Espagne.

Milhaud, sur le Tarn. — Villefranche, sur l'Aveyron, où il se fait un grand commerce de toiles.—Espaliou, sur le Lot; et Saint-Afrique, à une lieue de Vabres.

7. Le département des Landes, ainsi nommé de la stérilité de son terroir, est formé de la partie ouest de la Gascogne. C'est un pays stérile, qui s'étend le long de la mer, et qui ne présente guère que des sables, des pins et des bruyères. Il contient trois sous-préfectures, qui sont :

Mont-de-Marsan, chef-lieu, sur la Midouze, à 172 lieues de Paris.

Dax ou Acqs, sur l'Adour, remarquable par ses bains chauds.—Saint-Séver, aussi sur l'Adour.

8. Le département du GERS, ainsi nommé d'une petite rivière qui y coule, est formé de la partie est de la Gascogne. Il produit peu de grains, mais de beaux fruits, et d'assez bons vins. On le divise en cinq sous-préfectures, savoir :

AUCH, chef-lieu, près du Gers, ci-devant capitale du comté d'Armagnac, à 177 lieues de Paris. On y fabrique des étoffes de laine.

Condom, sur la Baise.—Lectoure, près du Gers.—Lombez, sur la Save; et Mirande, près de la Baise.

9. Le département des HAUTES-PYRÉNÉES, ainsi nommé de la partie la plus élevée de ces montagnes, est formé de la partie de la Gascogne appelée *Bigorre*. On y trouve de très-beau marbre, des mines de fer, de plomb et de cuivre, et plusieurs sources d'eaux minérales. Il contient trois sous-préfectures, qui sont :

TARBES, chef-lieu, sur l'Adour, à 194 lieues de Paris. C'est l'une des plus jolies villes de France.

Bagnères, sur l'Adour, qui a des eaux minérales très-salutaires, aussi bien que *Barège*; et Argelès, sur le Gave de Pau.

Saint-Bertrand, sur la Garonne, étoit la capitale du ci-devant comté de Comminges.

Béarn.

Le Béarn, avec la basse-Navarre et le pays des Basques, forme le département des *Basses-Pyrénées*. C'est un pays montagneux qui ne produit guère que du bois et des pâturages. Il appartenoit à Henri IV, quand il parvint à la Couronne; et il y fut réuni par son fils Louis XIII, en 1620.

Le département des BASSES-PYRÉNÉES tire son nom des montagnes qui vont en s'abaissant vers la mer. Il contient cinq sous-préfectures, savoir :

Pau, chef-lieu, ci-devant capitale du Béarn, sur le Gave de Pau, à 207 lieues de Paris. Cette ville est bien bâtie ; elle a une académie, un collége royal et une cour royale. On y fabrique des draps, des mouchoirs, des toiles, etc. C'est la patrie de Henri IV, l'un de nos rois, le premier de la famille des Bourbons.

Bayonne, évêché, port de mer très-fréquenté, à l'embouchure de l'Adour. Les jambons de cette ville sont très estimés.

Oléron, sur le Gave. — Ortez, sur le Gave de Pau ; et Mauléon.

Saint-Jean-Pied-de-Port, sur la Nive, à l'entrée d'un des passages des Pyrénées, nommés *Ports* dans le pays. On remarque encore *Lescar*, et *Andaye*, bourg célèbre par ses bonnes eaux-de-vie, près de l'embouchure de la Bidassoa.

Comté de Foix.

Cette province qui fut réunie à la couronne par Henri IV, forme, avec la partie sud-est de la Gascogne, le département de l'*Ariège*, qui doit son nom à une rivière qui l'arrose et se jette dans la Garonne.

Le département de l'Ariège est peu fertile, et ne produit guère que du bois, des pâturages, des mines de fer, et des eaux minérales. Il contient trois sous-préfectures, qui sont :

Foix, chef-lieu, sur l'Ariège, ci-devant capitale du Comté de ce nom, à 202 lieues de Paris. Elle n'offre de curieux qu'un beau pont.

Pamiers, sur l'Ariège, près de laquelle est une source d'eaux minérales.

Saint-Girons, où l'on fait commerce de chevaux et de mulets.

On remarque encore *Saint-Lizier*, *Mirepoix*, et *Tarascon*.

Roussillon.

Cette province, qui fut réunie à la France sous Louis XIII, par la paix des Pyrénées, forme le département des *Pyrénées-Orientales*. Il produit d'excellens vins, de la soie, des olives, des oranges, et des pâturages. Il se divise en trois sous-préfectures, qui sont :

PERPIGNAN, chef-lieu, ville forte, sur le Tet, et ci-devant capitale du Roussillon, à 212 lieues de Paris. Elle est défendue par une bonne citadelle; et son terroir est fertile en bons vins.

Céret, qui a un beau pont d'une seule arche sur le Teck. — Prades, jolie petite ville sur le Tet.

On remarque aussi *Villefranche*, *Mont-Louis* et *Bellegarde*, places fortes; et *Rivesaltes*, renommée par ses bons vins muscats.

Languedoc.

Le Languedoc, à qui les Romains donnèrent le nom de *Gaule Narbonnoise*, fut envahi par les Visigoths et repris par Clovis. Charlemagne y établit des Gouverneurs, sous le nom de Comtes, Marquis et Ducs, qui se rendirent indépendans. Mais Raimond VII, le dernier d'entr'eux, ayant marié sa fille unique Jeanne avec Alphonse, frère de Saint-Louis, et ces époux étant morts sans enfans, le Languedoc fut réuni à la Couronne par Philippe-le-Hardi, fils de Saint-Louis.

Cette province, qui passe pour la plus agréable et la plus fertile de la France, forme les huit départemens de la *Haute-Garonne*, de l'*Aude*, du *Tarn*, de l'*Hérault*, du *Gard*, de la *Lozère*, de l'*Ardèche* et de la *Haute-Loire*. Ses rivières principales sont la Garonne, le Rhône, le Tarn et l'Aude.

1. Le département de la HAUTE-GARONNE, ainsi nommé parce qu'il est près de la source de cette rivière, est formé de la partie ouest du Languedoc.

Il est fertile en grains, en vins et en pâturages ; on y trouve du beau marbre et des eaux minérales. Il se divise en quatre sous-préfectures, qui sont :

TOULOUSE, sur la Garonne, chef-lieu, archevêché, et ci-devant capitale du Languedoc, à 182 lieues de Paris. Les Romains l'avoient décorée de monumens magnifiques, dont il ne reste plus que des débris. Elle a une académie, un collége royal, une cour royale, et une école de droit. Elle est peu commerçante, parce que les Toulousains aiment mieux s'adonner aux belles-lettres et aux sciences. Cependant on y fabrique des draps fins, des toiles peintes, des gazes, des couvertures de laine et de coton, etc.

Près de cette ville se termine le fameux canal de Languedoc, que Louis XIV a fait construire pour joindre l'Océan à la Méditerranée.

Villefranche, près du canal. — Muret, sur la Garonne ; et Saint-Gaudens, aussi sur la Garonne.

2. Le département de l'AUDE, qui tire son nom d'une rivière qui l'arrose, et se jette dans le golfe du Lion, est formé de la partie sud-ouest du Languedoc. Il produit des grains, du vin, des olives et des mûriers en abondance. On le divise en quatre sous-préfectures, qui sont :

CARCASSONNE, sur l'Aude, chef-lieu, évêché, à 192 lieues de Paris. Elle fabrique des draps, et commerce en grains, vins et eaux-de-vie.

Narbonne, près de la mer, où l'on voit des ruines de plusieurs édifices romains. On estime beaucoup le miel des environs de cette ville.

Castelnaudari, près du canal ; et Limoux, sur l'Aude.

On remarque encore *Aleth* et *Saint-Papoul*.

3. Le département du TARN, qui tire son nom du Tarn qui le traverse, est formé de la partie nord-ouest du Languedoc. Il produit du vin, des grains, du charbon de terre, du fer et du plomb.

On le divise en quatre sous-préfectures, savoir :

Alby, chef-lieu, sur le Tarn, à 166 lieues de Paris. On y fabrique diverses étoffes de laine, et de la bougie estimée. Elle commerce en blé, vins, bestiaux, pastel et safran.

Castres, sur l'Agout, près de laquelle on trouve de belles turquoises. — Gaillac, sur le Tarn, connue par ses vins ; et Lavaur.

Au sud, est *Soreze*, célèbre par son collége.

4. Le département de l'Hérault, ainsi nommé d'une petite rivière qui y coule du nord au midi, est formé de la partie sud-est du Languedoc. Le terroir y est très-fécond ; la vigne, les oliviers, les mûriers, les orangers y réussissent bien. On y compte quatre sous-préfectures, savoir :

Montpellier, chef-lieu, évêché, à 186 lieues de Paris. Elle est particulièrement célèbre par la beauté de sa situation, par la salubrité de son air, et par son ancienne école de médecine. Elle a une cour royale, une académie et un collége royal. Elle est industrieuse et très-commerçante, sur-tout en vert-de-gris, qui ne se fait que dans cette ville ou aux environs.

Lodève, où l'on fabrique des draps et d'autres étoffes de laine.

Béziers, qui est dans une situation charmante. C'est la patrie de Paul Riquet, entrepreneur du canal de Languedoc.

Saint-Pons, qui a de belles carrières de marbre.

Cette, port de mer avec un phare, où commence le canal de Languedoc.

Lunel et *Frontignan*, renommées pour leurs vins muscats.

5. Le département du Gard tire son nom de la rivière du *Gard* ou *Gardon*, qui y prend sa source. Il est formé de la partie est du Languedoc, et produit des olives en abondance, du blé et du vin. Il se divise en quatre sous préfectures, savoir :

NÎMES, chef-lieu, ville très-ancienne et très florissante, à 180 lieues de Paris. Elle a une cour royale, une académie, un collége royal, et des fabriques d'étoffes de soie, de bas de soie et de tricots. On y voit encore plusieurs monumens antiques, tels que l'*Amphithéâtre* ou les *Arènes*, le *Temple de Diane* et la *Maison-Carrée*.

Alais, sur le Gardon „ près de laquelle est une mine de vitriol. — Uzès ; et le Vigan.

On remarque encore le *Pont-Saint-Esprit*, où est un beau pont sur le Rhône ; *Beaucaire*, célèbre par la foire qui s'y tient tous les ans, et le superbe aqueduc appelé le *Pont du Gard*, bâti par les Romains sur le Gardon, et composé de trois rangs d'arches l'un au-dessus de l'autre ; il servoit à conduire les eaux d'une fontaine à Nîmes.

6. Le département de la LOZÈRE, qui tire son nom d'un des sommets les plus élevés des Cévennes, est formé de la partie nord du Languedoc appelée le *Gévaudan*. Il est montagneux, froid et peu fertile ; il contient trois sous-préfectures, savoir :

MENDE, chef-lieu, évêché, sur le Lot, à 155 lieues de Paris. On y fabrique des serges.

Marvejols, sur la Colange ; et Florac, sur le Tarn.

7. Le département de l'ARDÈCHE, ainsi nommé d'une de ses rivieres, est formé de la partie nord-est du Languedoc appelée le *Vivarais*. Ses montagnes offrent par-tout des traces de volcans. Il contient trois sous-préfectures, qui sont :

PRIVAS, chef-lieu, non loin du Rhône, à 153 lieues de Paris.

Tournon, près du Rhône, avec un beau collége ; et l'Argentière, au sud.

On y remarque aussi *Viviers*, sur le Rhône, où l'on récolte beaucoup de soie ; *Annonay*, où se fabrique de très-beau papier ; *Aubenas*, et *Joyeuse*, ancien duché.

8. Le département de la HAUTE-LOIRE, ainsi nommé parce qu'il est près de la source de la Loire, est formé de la partie nord du Languedoc appelée le *Velay*, et de la partie sud de l'Auvergne.

Il ne produit que du bois et des pâturages : il fournit ces beaux marrons appelés *marrons de Lyon*, mais dont cette ville n'est que l'entrepôt. Il contient trois sous-préfectures, qui sont :

Le Puy, chef-lieu, sur le mont d'Anis, près de la Loire, à 129 lieues de Paris. On y fabrique des dentelles, des blondes, et diverses étoffes de laine.

Brioude, qui avoit un chapitre de chanoines nobles qui portoient le titre de *Comtes de Brioude*. A quelque distance est *Vieille-Brioude*, qui a un beau pont sur l'Allier.

Yssengeaux, près de la Loire. *La Chaise-Dieu*, ancienne abbaye de Bénédictins.

Provence.

La Provence, qui a été réunie à la couronne par héritage sous Louis XI, en 1481, a eu long-temps ses Comtes particuliers. Elle forme aujourd'hui les trois départemens des *Bouches-du-Rhône*, des *Basses-Alpes* et du *Var*.

Le pays est peu fertile en grains ; mais il produit des vins, d'excellens fruits, comme oranges, citrons, figues, grenades, et sur-tout des olives dont on fait la meilleure huile, et des mûriers pour les vers à soie. Ses rivières principales sont le Rhône, la Durance et le Var.

1. Le département des BOUCHES-DU-RHÔNE, ainsi nommé de ce que le Rhône y a son embouchure, est formé de la partie sud-ouest de la Provence. Il contient trois sous-préfectures, savoir :

MARSEILLE, chef-lieu, avec un très-beau port, à 198 lieues de Paris. Cette ville, fondée par des Grecs environ 539 ans avant Jésus-Christ, est la plus riche et la plus marchande de toute la France. Elle a un collége royal, des fabriques de savon, des rafineries de sucre, des manufactures d'étoffes d'or, d'argent et de soie, etc. Le commerce du Levant et des Colonies y entretient une activité et une industrie étonnantes.

Aix, archevêché, ci-devant capitale de la Provence, près de la rivière d'Arc. Cette ville a une académie, une école de droit, une cour royale, des eaux minérales, et des restes d'antiquités romaines. Elle produit des vins, des eaux-de-vie, des huiles estimées, et de la soie.

Tarascon, près du Rhône.—*Arles*, sur le Rhône, a de beaux restes de monumens anciens.

2. Le département des BASSES-ALPES, ainsi nommé de ce que les Alpes y sont moins élevées, qu'ailleurs, est formé de la partie nord-est de la Provence. Il est peu fertile, et se divise en cinq sous-préfectures, savoir:

DIGNE, chef-lieu, sur la Bléone, à 193 lieues de Paris. Elle a dans ses environs des eaux minérales très estimées.

Barcelonette, sur la Baye. — Castellane, sur le Verdon. — Sistéron, sur la Durance; et Forcalquier.

On remarque encore *Senez*, *Riez*, et *Glandève*.

3. Le département du VAR, qui tire son nom d'une rivière qui le baigne à l'est, est formé de la partie sud-est de la Provence. Il produit peu de blé, mais de bons vins, et d'excellens fruits. On le divise en quatre sous-préfectures, savoir:

DRAGUIGNAN, chef-lieu, ville peu considérable, à 207 lieues de Paris.

Brignoles, renommée par ses bonnes prunes.

Grasse, qui produit d'excellente huile d'olive, et qui a des fabriques de parfums et de savon.

Toulon, l'un des plus beaux ports de l'Europe, avec un magnifique arsenal pour la marine. Il y a un préfet maritime. *La-Ciotat*,

La-Ciotat, port de mer, célèbre par ses bons vins muscats.

Antibes, port de mer; *Vence* et *Fréjus*, anciens évêchés. Près de la côte, sont les îles d'*Hyères*, où les orangers croissent en pleine terre.

Comtat Venaissin.

Le Comtat Venaissin ou d'Avignon, situé le long du Rhône entre le Dauphiné et la Provence, appartenoit au Pape; il a été réuni à la France en 1791. Il forme aujourd'hui, avec la principauté d'Orange et le canton d'Apt, le département de *Vaucluse*.

Le département de VAUCLUSE porte le nom d'une fontaine que les vers de Pétrarque ont rendue célèbre. On y trouve toutes les productions des contrées méridionales. Il est divisé en quatre sous-préfectures, savoir :

AVIGNON, chef-lieu, sur le Rhône, évêché, et ci-devant capitale du Comtat de ce nom, à 171 lieues de Paris. Les Papes y ont fait leur résidence pendant 68 ans. Elle a un collège royal, et des fabriques d'étoffes de soie et de laine, d'huiles, d'eaux-fortes, etc.

Orange, remarquable par un bel arc de triomphe, érigé en mémoire de la victoire de Marius et de Catulus sur les Cimbres. Les toiles dites d'*Orange* qu'on y fabrique, sont assez recherchées.

Carpentras, ville assez jolie, sur la rivière d'Auzon.

Apt, où l'on voit plusieurs antiquités romaines.

On remarque encore *Vaison* et *Cavaillon*.

Ile de Corse.

La Corse, qui fut cédée à la France par les Génois en 1768, est une île considérable de la Méditerranée, au sud-est de la France. L'air y est mal-sain, le terrain montagneux, peu fertile, et mal cultivé : on en tire cependant du vin, de l'huile, du cuivre, du fer, de l'argent, et du corail que l'on pêche vers les côtes.

La Corse étoit divisée en deux départemens ; le *Golo* et le *Liamone*, qui tiroient leur nom de deux rivieres. Ils sont réunis en un seul, qu'on nomme département de la *Corse*. Il se divise en cinq sous-préfectures, savoir :

AJACCIO, chef-lieu, évêché, port de mer, avec une académie, et une cour royale, dans une situation agréable, à 269 lieues de Paris. C'est la patrie de Napoléon Bonaparte.

Bastia, ville forte et port de mer, ci-devant capitale de la Corse.

Calvi, ville forte, avec un port. — Corté, au milieu de l'île ; et Sartène.

Bonifacio et *Porto-Vecchio* sont deux assez bons ports.

PAYS-BAS.

D. Qu'appelle-t-on le royaume des *Pays-Bas* ?

R. On comprend aujourd'hui sous ce nom la Hollande réunie à la Belgique en 1814, et gouvernée par un prince de la maison d'Orange-Nassau, qui a pris, en 1815, le titre de roi.

D. *Qu'est-ce que la Hollande ?*

R. On a donné ce nom ou celui de *Provinces-Unies*, à sept provinces des Pays-Bas situées au nord de la Belgique, et bornées à l'est par l'Allemagne, au nord et à l'ouest par l'Océan.

Elles faisoient autrefois partie des dix-sept provinces des Pays-Bas ; mais en 1579 elles s'unirent entr'elles pour s'affranchir de la domination du roi d'Espagne ; et elles ont formé jusqu'en 1794 une république indépendante, dont le chef se nommoit

Stathouder (gardien du pays). Depuis cette époque, le gouvernement, après avoir éprouvé les mêmes variations qu'en France, est devenu monarchique en 1805, et la Hollande a été réunie à l'empire français depuis 1810 jusqu'en 1814.

D. *Quelles sont les sept provinces de la Hollande?*

R. Le comté de Zutphen, auquel est jointe une partie du duché de Gueldre ; le comté de Hollande, qui a donné son nom à tout le pays ; le comté de Zélande, et les seigneuries d'Utrecht, de Frise, d'Over-Yssel et de Groningue. Il faut y joindre le pays de la Généralité, au sud.

D. *Quel est le climat de la Hollande?*

R. L'air y est en général humide et mal-sain ; le terrain, qui est plus bas que la mer, est marécageux et entrecoupé de canaux, mais embelli par quantité de villes, de villages et de maisons de campagne qui en rendent l'aspect très-agréable. Le long de la mer, on entretient avec grand soin de fortes digues, pour en arrêter les eaux.

D. *Quelles sont les productions du pays?*

R. Sa seule richesse est dans ses excellens pâturages, qui produisent du beurre et du fromage renommés. Mais les habitans, par leurs manufactures et leur commerce, savent suppléer à ce que la nature leur a refusé.

D. *Quel est le caractère des Hollandais?*

R. Les Hollandais, appelés anciennement *Bataves*, sont laborieux, économes, patiens, flegmatiques, et fort habiles dans le commerce et la navigation. La religion protestante est chez eux la dominante.

D. *Nommez les principales rivières du pays.*

R. Il est arrosé par la Meuse, et par le Rhin, qui se divise en deux branches, dont l'une conserve le nom de Rhin, et va se perdre dans les sables ; l'autre prend le nom de *Leck*, et se joint à la Meuse.

D. *Quelles sont les villes principales de chaque province?*

R. 1.º Dans la province de Hollande, on remarque AMSTERDAM, capitale de tout le pays, port de mer. Elle est située sur un bras du Zuyderzée, et sur la rivière d'Amstel, qui lui donne son nom : c'est l'une des plus commerçantes et des plus industrieuses de l'Europe. Elle est bâtie sur pilotis, et entrecoupée d'un grand nombre de canaux navigables. Ses édifices publics sont magnifiques, sur-tout l'hôtel-de-ville et la bourse.

Harlem, près de la mer, a une académie des sciences, et de nombreuses fabriques.

Leyde, sur le Rhin, a une université et une belle manufacture de draps.

La Haye, jolie ville, résidence du souverain et des principales autorités. — Riswick, château voisin, est fameux par la paix de 1697.

Roterdam, sur la Meuse, avec un beau port, est la patrie d'Erasme.

Dordrecht ou Dort, dans une île près de la Meuse, est très-forte par sa situation, et a un beau port.

2.º Dans la province de Zélande, composée de six îles principales, dont la plus habitée est Walkeren, on distingue MIDDELBOURG, capitale, dans l'île de Walkeren. — Flessingue, place forte, avec un beau port, dans la même île.

Goès, ville forte, dans l'île de Sud-Béveland.

Ziriczée, jolie et forte ville, dans l'île de Schouwen, à l'embouchure de l'Escaut.

3.º Dans la province d'Utrecht, on trouve UTRECHT, capitale, sur le vieux Rhin, avec une université, et des fabriques de velours qui portent son nom. Elle est célèbre par l'union qui s'y fit des provinces, en 1579, et par le congrès qui s'y tint en 1712 et 1713, pour la paix de l'Europe.

Amersford, ville forte, sur l'Eem, est l'entrepôt des marchandises qui passent d'Allemagne à Amsterdam.

4.º Dans la province de Zutphen, on voit

NIMÈGUE, capitale, ville forte sur le Vahal, fameuse par le traité de paix conclu en 1679, entre Louis XIV et les Hollandais.

Arnheim, place forte, sur le Rhin.

Zutphen, ville forte, sur l'Yssel.

Thiel, aussi ville forte, sur le Vahal.

5.º Dans la province d'Over-Yssel, DEVENTER, capitale, sur l'Yssel, patrie du célebre Gronovins.

Zwol, ville forte, sur l'Aa. — Kempen, port, à l'embouchure de l'Yssel. — Cowerden, ville forte, sur les confins de l'Allemagne.

6.º Dans la Frise, on remarque LEUWARDE, capitale, place forte et commerçante, entrecoupée de plusieurs canaux.

Franecker, sur un canal, avec une université et de beaux édifices publics.

Harlingen, ville grande et forte, avec un port sur le Zuyderzée.

7.º Dans la province de Groningue, on voit GRONINGUE, capitale, avec une université, au confluent de la Hunse et de la Fivel. Les plus gros vaisseaux peuvent y remonter; ce qui la rend favorable au commerce.

Dam, sur le Damster, à l'embouchure duquel est bâti le fort de *Delfzil*, qui protège le pays du côté de l'Allemagne.

La Hollande est bordée, au nord, de plusieurs îles, dont la principale est le *Texel*.

D. *Qu'appelle-t-on le pays de la Généralité?*

R. Ce sont les conquêtes que les Provinces-Unies ont faites dans les autres provinces des Pays-Bas, et qu'elles possèdent en commun, savoir: le Brabant hollandois, la Flandre hollandaise, une partie de la haute Gueldre, du duché de Limbourg, et de l'évêché de Liége.

On y remarque *Bréda*, *Berg-op-Zoom*, et *Bois-le-Duc*, places fortes du Brabant hollandais; l'*Ecluse* et *Sas-de-Gand*, dans la Flandre; *Venlo*, dans la Gueldre, sur la Meuse; *Fauquemont* ou *Falkembourg*, dans le duché de Limbourg, et *Maestricht*, sur la Meuse, dans le pays de Liége.

Ces cinq dernières villes font partie des provinces de la Belgique.

D. *Qu'est-ce que la Belgique ?*

R. On désigne sous ce nom les neuf provinces des Pays-Bas, qui, après avoir été long-temps sous la domination des Espagnols, furent cédées en 1714 à la maison d'Autriche, sous le titre de *Pays-Bas Autrichiens* ou *Catholiques*. Elles sont situées au nord de la France, à laquelle elles ont été réunies depuis 1795 jusqu'en 1814.

Ces provinces sont les duchés de Brabant, de Limbourg, et de Luxembourg; le marquisat d'Anvers, la seigneurie de Malines, la Gueldre méridionale, et les comtés de Namur, de Hainaut et de Flandre.

Le comté d'Artois, qui formoit la dixieme province des Pays Bas Espagnols, appartient à la France depuis 1640, avec une partie de la Flandre, du Hainaut et du Luxembourg.

D. *Quelles sont les productions de la Belgique ?*

R. Ce pays, où l'on trouve à peine une colline, est fertile en blé, en lin et en fruits; il abonde aussi en excellens pâturages, mais il ne produit point de vin. La bière est la boisson ordinaire des habitans. Les toiles et les dentelles qu'on y fabrique, sont d'une grande beauté.

D. *Quel est le caractère des habitans ?*

R. Les habitans, qu'on nomme en général *Flamands* ou *Belges*, passent pour un peuple lourd et grossier, mais franc et plein de probité. Ils sont habiles dans le commerce et dans les arts.

D. *Nommez les principales rivières du pays ?*

R. Ces rivières sont la Meuse, l'Escaut, la Lys, la Sambre, la Dyle et la Scarpe.

D. *Quelle étoit la division de la Belgique pendant sa réunion avec la France ?*

R. Ce pays formoit, avec l'évêché de Liége, les neuf départemens des *Deux-Nèthes*, de la *Dyle*, de la *Lys*, de l'*Escaut*, de *Jemmapes*, de *Sambre-et-Meuse*, de la *Meuse-Inférieure*, de l'*Ourthe*, et des *Forêts*.

Dans la nouvelle division de la Belgique, on a conservé aux provinces les limites de ces départemens, en changeant seulement leurs noms.

D. *Quelles sont les villes principales de la Belgique?*

R. 1°. Dans la province d'Anvers, formée du marquisat d'Anvers, et de la seigneurie de Malines, on remarque Anvers, capitale, ville très-commerçante, avec un port sur l'Escaut.

Malines, archevêché, sur la Dyle, où l'on fabrique des dentelles très-estimées.

2°. Dans la province de Brabant, on distingue Bruxelles, sur la Senne, capitale, à 75 lieues de Paris. On y fabrique de belles tapisseries, des camelots et des dentelles. Le palais du Souverain y est fort beau.

Louvain, sur la Dyle, fameuse par son université.

Nivelle, jolie ville, qui avoit une abbaye de chanoinesses.

3°. Dans la West-Flandre, ou Flandre occidentale, on voit Bruges, capitale, située sur un canal qui va de Gand à Ostende. Elle a des fabriques de toiles, de siamoises et de dentelles.

Furnes, place forte. — Courtray, sur la Lys, connue par ses belles toiles de lin.

Ostende, port de mer; et Menin, sur la Lys.

4°. Dans l'Oost-Flandre, ou Flandre orientale, on remarque Gand, capitale, évêché, au confluent de la Lys et de l'Escaut. Elle est divisée en plusieurs petites îles par divers canaux. Sa citadelle a été bâtie par l'empereur Charles Quint, qui est né dans cette ville.

Oudenarde, sur l'Escaut. — Dendermonde, au confluent de la Dendre et de l'Escaut.

5°. Dans la province de Hainaut, on trouve Mons, capitale, ville forte, sur la Trouille.

Tournay, évêché, sur l'Escaut. — Charleroi, place forte, sur la Sambre.

Fleurus, village célèbre par trois batailles qui s'y sont données, l'une en 1622, l'autre en 1690, et une autre en 1794. — Fontenoi, près de l'Escaut, est un autre village fameux par la bataille que les Français y gagnèrent en 1745, sous les ordres du maréchal de Saxe.

6°. Dans la province de Namur, formée du comté de Namur, et d'une portion du pays de Liége, on distingue Namur, capitale, évêché, place forte, au confluent de la Sambre et de la Meuse. Cette ville a des forges, des fabriques d'armes et de coutellerie.

Dinant, sur la Meuse. — Saint-Hubert, au milieu de la forêt des Ardennes, avoit une très-belle abbaye de Bénédictins.

Bouvines, village où Philippe-Auguste défit en 1214 l'empereur Othon.

7°. Dans la province de Gueldre, formée de la Gueldre méridionale et d'une partie du pays de Liége, on trouve Maestricht, capitale, place forte, sur la Meuse, dont la fabrique d'armes est renommée.

Hasselt, jolie petite ville. — Ruremonde, au confluent de la Roër et de la Meuse.

8°. Dans la province de Liége, composée d'une très-grande partie du pays de Liége, et du duché de Limbourg, on distingue Liége, capitale, sur la Meuse, qui avoit ci-devant un prince évêque, et un chapitre de chanoines nobles.

Limbourg et Verviers, où l'on fabrique de beaux draps. — Spa, renommée par ses eaux minérales.

D. *Quelles sont les autres possessions du roi des Pays-Bas?*

R. Ce prince possède encore la souveraineté du grand-duché de Luxembourg, qui lui a été cédé en compensation des principautés de Nassau-Dillenbourg, Siegen, Hadamar et Dietz, qui appartiennent actuellement au roi de Prusse. Ce grand-duché forme un des états de la nouvelle confédération germanique.

Il comprend la plus grande partie de l'ancien duché de ce nom, ou département des *Forêts*, jusqu'au cours de l'Our et de la Sure, qui se jettent ensemble dans la Moselle.

On y remarque LUXEMBOURG, capitale, l'une des plus fortes places de l'Europe.

Du reste, le pays est pauvre, et ne fournit que du bois et du fer.

SUISSE.

D. *Qu'est-ce que la Suisse ?*

R. La Suisse, appelée anciennement *Helvétie*, est une république fédérative indépendante, située entre la France, l'Italie et l'Allemagne. Après avoir fait partie de la Gaule sous les Romains, et de la France sous les rois de la première race, ce pays fut réuni à l'Allemagne ; mais en 1308 les Suisses secouèrent le joug tyrannique des gouverneurs envoyés par l'Empereur Albert, battirent plusieurs fois les Autrichiens, et se rendirent indépendans.

D. *Quelle est la nature du pays ?*

R. Ce pays, le plus élevé de l'Europe, est hérissé de hautes montagnes qu'on nomme les *Alpes*, et qui sont couvertes d'une neige éternelle. Elles contrastent avec de fertiles vallées, des vignobles, des champs cultivés, des prairies et d'épaisses forêts, et présentent l'aspect le plus curieux et le plus imposant.

D. *Quelles sont ses productions?*

R. Il est en général peu fertile en blé ; mais ses vallons abondent en pâturages et en simples. On y recueille d'assez bons vins en quelques endroits. Le principal commerce est en bestiaux et en fromages.

D. *Quel est le caractère des habitans?*

R. Les Suisses se distinguent par des mœurs simples, par beaucoup de droiture et de franchise. Ils sont fort attachés à leur patrie, sobres, fidèles, braves et robustes.

D. *Parlez-nous des rivières et des lacs.*

R. Les principales rivières de la Suisse sont le Rhin, le Rhône, le Russ, l'Aar, l'Adda et le Tésin, qui prennent toutes leur source dans la chaîne de montagnes qui entoure le mont Saint-Gothard. Les lacs principaux sont ceux de *Constance*, de *Genève*, de *Neufchâtel*, de *Zurich*, et de *Lucerne*.

D. *Comment se divisoit la Suisse?*

R. La Suisse étoit divisée en treize cantons, qui formoient autant de républiques indépendantes, mais unies ensemble pour la défense commune. Ils avoient en outre des sujets et des alliés. Ces treize cantons étoient, à l'est, Ury, Underwald, Schwitz qui a donné son nom au pays, et Zug ; au nord-est, Glaris et Appenzel ; au nord, Bâle et Schaffouse ; dans le milieu, Berne, Lucerne et Zurich ; au nord-ouest, Soleure ; et Fribourg, au sud-ouest. Leurs principaux alliés étoient l'Abbé de Saint-Gall, les Grisons, le Vallais, la République de Genève, l'Evêque de Bâle, et la principauté de Neufchâtel.

D. *Quelle est sa division actuelle?*

R. La Suisse, y compris le territoire de ses alliés, se divise aujourd'hui en vingt-deux cantons, sous le nom de *Confédération Helvétique*. Voici les noms et les chefs-lieux des neuf nouveaux cantons :

SUISSE.

Cantons.		Chefs-lieux.
Argovie,	au nord,	Arau.
Turgovie,	au nord-est,	Frawenfeld.
Saint-Gall,	à l'est,	Saint-Gall.
Grisons,	au sud est,	Coire.
Tésin,	au sud,	Bellinzona.
Vaud,	au sud-ouest,	Lausanne.
Vallais,	au sud,	Sion.
Neufchâtel,	à l'ouest,	Neufchâtel.
Genève,	au sud-ouest,	Genève.

Les autres cantons portent le nom de leurs chefs-lieux, excepté Ury et Underwald, dont les chefs-lieux sont Altorf et Stantz.

D. *Comment la Suisse est elle gouvernée ?*

R. La Suisse est gouvernée par une diète ou assemblée générale, composée des députés de chaque canton. Le directeur de la diete a le titre de *Landamman*. Le Bourguemestre de certains cantons devient, d'année en année, le directeur de la diete qui se tient dans son chef-lieu.

D. *Quelle est la religion dominante ?*

R. Il y en a deux, la catholique et la protestante. Les cantons de Lucerne, Ury, Schwitz, Underwald, Zug, Fribourg et Soleure, sont catholiques; les cantons de Zurich, Berne, Bâle et Schaffouse, sont protestans; les autres sont partagés entre les deux religions.

D. *Quelles sont les villes principales de la Suisse ?*

R. Bâle, sur le Rhin, ci-devant évêché, avec une université célèbre. Elle est très-commerçante.

Berne sur l'Aar, ville remarquable par sa propreté, et l'une des plus belles de l'Europe.

Porentrui, capitale du ci-devant évêché de Bâle, qui est réuni au canton de Berne.

Zurich, sur le lac de même nom, ville forte et commerçante; pres de cette ville est celle de *Bade*, remarquable par ses bains.

Saint-Gall, qui avoit une célèbre abbaye. On

y fabrique des toiles et des mousselines.

Fribourg, sur la Sane, avec un évêché. — Gruyères, au sud de Fribourg, est connue par ses fromages.

Schaffouse, sur le Rhin. — Coire, dans le pays des Grisons, est le siége d'un évêché.

Lucerne, sur le lac de ce nom. — Soleure, sur l'Aar, dans un site agréable.

Lausanne, jolie ville, près du lac de Genève, avec une université.

GENÈVE, sur le Rhône, près du lac de même nom, ci-devant capitale de la République de Geneve. Elle a une académie; ses manufactures d'horlogerie sont célèbres. C'est la patrie de J. J. Rousseau, et de plusieurs savans.

Neufchâtel, sur le lac de même nom : on y fabrique beaucoup d'horlogerie. Elle étoit le chef-lieu d'une principauté qui appartenoit au roi de Prusse.

Sion, chef-lieu du Vallais, évêché, jolie ville sur le Rhône. Elle est au pied de deux montagnes sur lesquelles s'élèvent deux châteaux forts.

ÉTATS DE L'ITALIE.

D. Qu'est-ce que l'Italie ?

R. L'Italie, si célèbre autrefois, est une grande presqu'île, qui s'étend du nord-ouest au sud-est, entre la méditerranée et le golfe de Venise. Elle est bornée au nord par les Alpes, qui la séparent de la France, de la Suisse et de l'Allemagne; et de tous les autres cotés, elle est baignée par la mer. Les Apenuins la divisent dans toute sa longueur.

D. Quelles sont ses productions ?

R. L'Italie, qui est un des plus beaux pays de l'Europe,

l'Europe, est fertile en blés, en vins, en huiles, en soie et en fruits excellens. On y trouve des marbres superbes et des pierres précieuses. L'air y est sain, quoique fort chaud vers le midi.

D. *Quel est le caractère des Italiens?*

R. Les Italiens sont en général polis, spirituels, grands politiques, mais dissimulés, plus vindicatifs que braves, et plus superstitieux que dévots. Ils excellent dans les arts et dans les sciences, et sont passionnés pour la musique et les spectacles. Leur langue, qui est dérivée de la latine, est très-musicale, et charmante dans la bouche des femmes.

D. *Quelles sont les rivières principales du pays?*

R. Le *Pô*, qui prend sa source au mont *Viso*, dans le Piémont, à l'ouest, arrose Turin, Casal, Plaisance, Crémone, et se jette dans le golfe de Venise.

L'*Adige*, qui a sa source dans le Tirol au nord, passe à Trente et à Vérone, et se jette dans le golfe de Venise.

Le *Tésin*, qui descend du mont S. Gothard, traverse le *Lac Majeur*, et se décharge dans le Pô au-dessous de Pavie.

L'*Adda*, qui sort du pays des Grisons, traverse le lac de Côme, et se jette dans le Pô, entre Crémone et Plaisance.

L'*Arno*, qui traverse la Toscane de l'est à l'ouest, passe par Florence et Pise, et se jette dans la mer.

Le *Tibre*, qui a sa source dans les Apennins, passe près de Pérouse, ensuite à Rome, et se jette dans la mer à Ostie.

D. *Nommez les lacs de l'Italie.*

R. Au nord, le *Lac Majeur*, celui de *Côme*, d'*Iséo* et de *Guarda*; au milieu, celui de *Pérouse* ou de *Trasimène*, et celui de *Celano*.

D. *Quelle est la religion?*

I

R. La religion catholique est dominante dans toute l'Italie. Les Juifs y sont tolérés.

D. Comment divise-t-on l'Italie ?

R. On la divise en deux parties, celle du nord, et celle du sud. La première, nommée autrefois *Gaule Cisalpine*, et ensuite *Lombardie*, contient : 1°. les états du roi de Sardaigne, le grand-duché de Parme, et le duché de Modène; 2°. le royaume Lombard-Vénitien.

La seconde partie contient le grand-duché de Toscane, l'état de l'Église, et le royaume de Naples.

On joint à l'Italie les îles de Sicile, de Malte et de Sardaigne.

ROYAUME DE SARDAIGNE.

D. De quoi est formé le royaume de Sardaigne ?

R. Ce royaume est composé de la Savoie, du Piémont, du duché de Gênes, et de l'île de Sardaigne.

Il est borné au nord par la Suisse, à l'est par les possessions Autrichiennes, au sud par la Méditerranée, et à l'ouest par la France.

D. Qu'est-ce que la Savoie ?

R. La Savoie est un duché qui dépendoit autrefois de la Gaule, et s'appeloit le pays des *Allobroges*. Son territoire n'offre presque partout que de hautes montagnes, hérissées de rochers, et bordées de précipices, parmi lesquelles on remarque le *Mont-Blanc*. Les vallées étroites qui les séparent, produisent du blé et du foin, et nourrissent un grand nombre de bestiaux. La plupart des habitans s'expatrient chaque année pour gagner leur vie.

D. Quelles sont les villes principales de la Savoie ?

R. Les villes principales de la Savoie sont Chambéry, sur la Leisse, capitale, évêché, dans une vallée délicieuse, à 135 lieues de Paris.

Annecy, au bord du lac de ce nom. — Aix, renommée par ses eaux minérales.

Saint-Jean-de-Maurienne, sur l'Arche. — Moutiers, sur l'Isère, dans la Tarentaise.

Bonneville, sur l'Arve, dans le Faucigny, et Thonon, dans le Chablais, sur le lac de Genève.

On remarque encore *Montmélian*, place forte; *Ripaille*, bourg et château où se retira Amédée VIII°, duc de Savoie, pour y mener une vie délicieuse; d'où est venu le proverbe *faire ripaille*.

C'est entre la Suisse et la Savoie que s'élève le *Grand Saint-Bernard*, montagne sur laquelle est un hospice célèbre par les soins charitables des bons religieux envers les voyageurs, et par l'habileté de leurs chiens à découvrir les malheureux égarés ou ensevelis dans les neiges.

D. *Faites-nous la description du Piémont?*

R. Le Piémont, qui tire son nom de sa situation au pied des Alpes, est un des pays les plus fertiles et les plus agréables de l'Italie. On en tire du vin, du blé, du riz et de très-belles soies.

Le Piémont, après avoir eu ses princes particuliers, passa par alliance, dès le onzième siècle, aux ducs de Savoie.

Les rivières qui l'arrosent sont le Pô, la Doria, la Sésia et la Stura.

D. *Quelles en sont les villes principales?*

R. Turin, sur le Pô, capitale, place forte, archevêché à 173 lieues de Paris. Elle est belle, régulière, et décorée de superbes édifices : le palais qu'habite le roi est magnifique. On y remarque la citadelle qui est très-forte. Les environs de cette ville sont ornés de fort belles maisons de plaisance.

Yvrée, place forte, sur la Doria. — Pignerol, ville autrefois très-forte. — Suze, place forte, sur la Doria.

Coni, évêché, ville très-forte, sur la Stura.

Aoste, sur la Doria, dans un pays fertile.

Verceil, évêché, place forte, près de la Sésia.

Saluces, évêché, capitale du marquisat de ce nom.

Alexandrie, sur le Tanaro, évêché, ville forte. Elle fut surnommée *de la paille* par l'Empereur Frédéric Barberousse, à cause de ses murailles qui étoient faites de paille et de boue.

Cette ville, avec celles de Novare, Valence, Tortone, et quelques autres, ont été anciennement détachées du Milanais, et cédées au roi de Sardaigne par la maison d'Autriche.

Casal, sur le Pô, évêché, capitale du Montferrat.

Nice, capitale du comté de ce nom, avec un port sur la Méditerranée.

Monaco, capitale d'une principauté de ce nom, avec un port et une citadelle, où le roi de France tenoit garnison.

D. *Qu'est-ce que le duché de Gênes ?*

R. Ce pays, nommé autrefois *Ligurie*, formoit, avant ces derniers temps, une république indépendante. Son gouvernement étoit aristocratique, et avoit à sa tête un *Doge*, que l'on changeoit tous les deux ans. Il devint démocratique en 1798, et prit le nom de *république Ligurienne*. Il a été cédé au roi de Sardaigne par le congrès de Vienne, en 1815.

Il s'étend le long de la mer; et quoiqu'il soit fort montagneux, il ne laisse pas de produire d'excellens vins, de très-bons fruits, et beaucoup d'olives. On y fait un grand commerce de soie, de savon et de parfums.

Parmi ses villes, on distingue Gênes, capitale, archevêché, avec un port sur la Méditerranée, à 192 lieues de Paris. Elle est bâtie en amphithéâtre sur le penchant d'une colline. La beauté de ses édifices, la magnificence de ses palais, l'ont fait surnommer *la Superbe*. Elle a des manufactures de damas et de velours.

Savone, place forte, évêché, port de mer.—

Acqui, évêché, qui a des bains d'eaux chaudes.

Novi, évêché. — Bobio, sur la Trébie. — Port-Maurice, ville forte, avec un port.

Noli, Oneille et Vintimille, sont trois bons ports sur la même côte.

Grand-duché de Parme.

D. *A qui appartient le grand-duché de Parme ?*

R. Cet état, auquel sont réunis depuis fort long-temps les duchés de Plaisance et de Guastalla, appartenoit à un prince de la maison d'Espagne. Mais en 1814, il a été cédé à titre de souveraineté à l'archiduchesse d'Autriche Marie-Louise.

Il produit du blé, du vin, et d'excellens pâturages. Ses villes principales sont:

PARME, capitale, sur la rivière de Parma. C'est une belle ville qui a un archevêché, une académie, et une bonne citadelle. Elle étoit la résidence des ducs. Les fromages dits *Parmesans*, viennent de ses environs.

PLAISANCE, évêché, sur le Pô, capitale du duché de ce nom, dans une situation délicieuse.

Guastalla, ville forte, près du Pô. — Colorno, maison de Plaisance des ducs.

Duché de Modène.

D. *Qu'est-ce que le duché de Modène ?*

R. Cet état, qui comprend aussi les duchés de Reggio et de la Mirandole, est un fief relevant de l'empire d'Autriche, et possédé par l'archiduc François d'Est. C'est un très-beau pays, qui abonde en blés et en vins. On y recueille de l'huile de pétrole qui sert dans la peinture et dans la pharmacie.

Ses principales villes sont MODÈNE, capitale, évêché, dans une plaine agréable et fertile. Le prince y habite un palais magnifique.

Reggio, évêché, place forte, patrie de l'Arioste.

La Mirandole, place forte, possédée pendant

environ 600 ans par la maison des *Pics de la Mirandole*.

Près de la mer, on voit le duché de Massa, et la principauté de Carrara, où l'on trouve de belles carrières de marbre.

ROYAUME LOMBARD-VÉNITIEN.

D. *Qu'est-ce que le Royaume Lombard-Vénitien ?*

R. On donne maintenant ce nom aux possessions que l'Empereur d'Autriche a recouvrées en Italie depuis 1814, et qui composoient en grande partie le ci-devant royaume d'Italie.

D. *Quelles sont les bornes de cet état ?*

R. Il est borné au nord par la Suisse, et par le Tirol, à l'est partie par la Carniole, et partie par le golfe de Venise, au sud par l'état de l'Eglise, le duché de Modène et celui de Parme, et à l'ouest par le Piémont.

Il comprend les duchés de Milan et de Mantoue, les états de l'ancienne république de Venise, la Valteline, et les comtés de Chiavenna et de Bormio, qui appartenoient aux Grisons.

D. *Quelles sont ses productions ?*

R. Il produit principalement des grains, du maïs, du riz, des oranges, des citrons, des grenades, et d'autres fruits; du vin, de l'huile, du lin et de la soie. Les montagnes ont des mines de fer, de cuivre et d'alun, et des carrières de beau marbre. Les fabriques de draps, de toiles de lin, de galons d'or et d'argent, de broderies, etc., y rendent le commerce très-florissant.

D. *Quelles sont les rivières qui l'arrosent ?*

R. Les principales sont le Pô, le Tésin, l'Adda, le Mincio et l'Adige.

D. *Comment ce royaume est-il divisé ?*

R. Il est divisé en deux grands gouvernemens, Milanais à la droite du Mincio, et Vénitien à la gauche de ce fleuve.

D. *Quelles sont les villes remarquables du gouvernement Milanais?*

R. Milan, sur l'Olóna, capitale du royaume et du duché de Milan, et résidence du vice-roi, avec un archevêché et une célèbre université. C'est l'une des plus belles et des plus grandes villes du monde. Sa cathédrale, bâtie en marbre, est un des plus beaux monumens qui existent.

Côme, sur le lac de ce nom, au nord de Milan, à une demi-lieue de l'ancienne Côme.

Pavie, sur le Tésin, évêché, université. Elle est fameuse par la bataille où François I fut fait prisonnier en 1525 par l'armée de Charles-Quint. C'étoit autrefois la capitale du royaume des Lombards.

Marignan, célèbre par la longue et sanglante bataille que François I y gagna contre les Suisses, en 1515.

Crémone, sur le Pó, place forte, évêché.

Brescia, ville forte, évêché.—Bergame, évêché, place forte, renommée par ses tapisseries.

Sondrio, sur l'Adda, dans la Valteline.—Chiavenna et Bormio, dans les comtés de ce nom.

Mantoue, capitale du duché de ce nom, évêché, place forte, au milieu d'un lac formé par le Mincio. C'est dans un village voisin, nommé *Pietola*, autrefois *Andès*, que naquit Virgile.

La maison d'Autriche possède les duchés de Milan et de Mantoue depuis plus d'un siècle.

D. *Quelles sont les villes du Gouvernement Vénitien?*

R. Venise, surnommée *la Riche*, archevêché, ci-devant capitale de la république de même nom. Cette ville, la plus singulière qui existe, est l'une des plus belles et des plus commerçantes du monde. Elle est bâtie sur pilotis au fond du golfe de son nom, à 2 lieues des terres, et formée de 72 petites îles qui communiquent entr'elles par plus de 500 ponts. Les rues sont des canaux que l'on parcourt en gondole. On admire particulièrement l'église et la place de *St. Marc*. Son arsenal est le plus grand et le mieux fourni de l'Europe. On fabrique à Venise des étoffes de soie, des glaces, des velours, des draps d'écarlate, etc.

Vérone, évêché, sur l'Adige, grande et forte ville, qui a donné naissance à plusieurs hommes célèbres.

Vicence, évêché, ville forte et florissante, où l'on fabrique de beaux taffetas.

Padoue, évêché, avec une célèbre université. C'est la patrie de l'historien *Tite-Live*.

Trévise, évêché, ville forte et ancienne, sur la Silis.

Feltres, évêché, jolie ville, sur l'Asona.

Bellune, jolie ville, sur la Piave.

Cadore, sur la Piave, patrie du fameux peintre le *Titien*.

Udine, évêché, et jolie ville sur la Roja, avec un bon château. *Campo-Formio*, hameau voisin d'Udine, est devenu célèbre par le traité conclu en 1797 entre la France et l'Autriche, et qui a servi de base à celui de Lunéville.

Capo d'Istria, ville forte de l'Istrie Vénitienne, dans une île du golfe de Trieste.

Zara, Sebénico et Spalatro, sont trois ports sur le golfe de Venise, dans la Dalmatie Vénitienne.

A l'est du golfe de Venise, est la ville de Raguse, qui formoit une république. Elle est fortifiée et a un beau port.

Cattaro, petite ville très-forte, située sur un golfe ou sur les bouches, à qui elle donne son nom.

D. *Quel étoit l'état de Venise, avant les derniers événemens ?*

R. L'état de Venise étoit une république aristocratique, qui avoit pour chef un *Doge*, dont la dignité étoit à vie. Sa fondation remonte au milieu du 5.ᵉ siècle. Elle étoit autrefois très-puissante par son commerce. En 1797, la partie à l'ouest et au sud de l'Adige fut réunie à la république Italienne, depuis royaume d'Italie, et l'autre partie fut cédée à l'Autriche par le traité de Campo-Formio. Cet état vient de lui être confirmé par le congrès de Vienne de 1815.

Grand-Duché de Toscane.

D. *Qu'est-ce que la Toscane ?*

R. La Toscane, qui a le titre de grand-duché, portoit autrefois le nom d'*Etrurie*. La maison de Médicis, connue par ses richesses, et par son amour pour les arts et les sciences, a régné sur ce pays depuis 1531 jusqu'en 1737, qu'il a passé entre les mains de François, duc de Lorraine et empereur. Le trône a été occupé par un prince de cette maison jusqu'en 1801, que la Toscane a été érigée en royaume, sous le nom d'*Etrurie*, en faveur de Louis, infant de Parme, dont le fils a régné jusqu'en 1807. Ce état, après d'autres variations dans son gouvernement, vient d'être rendu au prince Ferdinand, son légitime souverain.

D. *Qu'y a-t-il à remarquer dans la Toscane ?*

R. La Toscane est une des plus belles et des plus fertiles contrées de l'Italie. Elle est sous un climat doux, et abonde en blés, fruits, vins excellens, et carrières de beau marbre ; ses villes principales sont :

Florence, capitale, archevêché, sur l'Arno, la plus belle ville de l'Italie après Rome, et la résidence du Grand-Duc. Elle a une académie célèbre, nommée *Della-Crusca*, et une galerie qui porte le nom de *Médicis*, et qui renferme une foule d'objets précieux.

Pise, sur l'Arno, capitale du Pisan, avec un archevêché, une académie, et une université.

Livourne, jolie ville, avec un port célèbre sur la Méditerranée. Son commerce est très-florissant.

SIENNE, capitale du Siennois, avec un archevêché, et une faculté de médecine. Elle a donné naissance à plusieurs personnages célèbres.

Orbitello et *Porto-Hercole*, sont deux places fortes, mais peu importantes, dans l'état des Présides.

Le Grand-Duc de Toscane possède encore la principauté de *Piombino* et ses dépendances, avec l'île d'*Elbe*, où l'on remarque les deux forteresses de *Porto-Ferraio* et de *Porto-Longone*.

Duché de Lucques.

D. *A qui appartient la principauté de Lucques?*
R. Cette principauté, située au nord-ouest de la Toscane, et qui formoit depuis 1430, une petite république indépendante, vient d'être érigée en duché, et donnée en toute souveraineté à l'Infante Marie-Louise.

Le territoire abonde en grains, vignes, oliviers, mûriers et prairies.

LUCQUES, capitale, évêché, place forte, est assez peuplée et bien bâtie. On la nomme *l'Industrieuse*, à cause que ses habitans sont laborieux et forts adroits.

Etat de l'Eglise.

D. *Qu'appelle-t-on l'Etat de l'Eglise ?*
R. L'Etat de l'Eglise est un pays possédé à titre de souveraineté par le Pape, chef de la religion catholique. Sa puissance temporelle date du temps de Pépin et de Charlemagne, qui lui firent plusieurs donations dans le 8.e siecle.

Il s'étend entre le golfe de Venise et la mer de Toscane ; il a au sud est le royaume de Naples, au nord-ouest la Toscane, le duché de Modène, et au nord les possessions autrichiennes.

Le pays est généralement fertile, mais peu cultivé et presque sans commerce. L'air y est maltain, surtout le long de la mer. Le Tibre l'arrose en grande partie du nord au sud.

D. Comment l'Etat de l'Eglise est-il divisé ?

R. On le divise en douze provinces, qui sont: la campagne de Rome, le patrimoine de St. Pierre, le duché de Castro, l'Orviétan, le Pérousin, l'Ombrie, la terre de Sabine, la marche d'Ancône, le duché d'Urbin, la Romagne, le Bolonois et le Ferrarois.

D. Quelles sont les villes principales de ces provinces ?

R. Dans la campagne de Rome, autrefois *Latium*, on remarque Rome, sur le Tibre, capitale de la province et de l'état de l'Eglise. Cette ville est aussi la capitale du monde chrétien, et la résidence ordinaire du souverain Pontife. On connoît son antiquité, sa fondation par Romulus, la puissance et la gloire dont elle jouissoit autrefois. Elle conserve encore des restes précieux de son ancienne splendeur. On y admire l'église de Saint-Pierre, qui est le plus bel édifice du monde, le palais du Vatican qui renferme une riche bibliothèque, et une infinité d'églises magnifiques, de belles places, de palais superbes, et de chefs-d'œuvre des arts.

Tivoli, autrefois *Tibur*, sur le Téverone ou l'Anio, qui y forme une superbe cascade.

Frascasti, autrefois *Tusculum*.

Terracine, petite ville jusqu'où s'étendent les *Marais Pontins*.

Vellétri, ancienne et belle ville, patrie de l'empereur Auguste.

On remarque dans les autres provinces :

Viterbe, évêché, capitale du patrimoine de S. Pierre. — Civita-Vecchia, place forte, avec un port, où sont les galères du Pape.

Monte Fiascone, évêché, dont les environs produisent d'excellens vins.

Orvière, évêché, capitale de l'Orviétan.

Pérouse, sur le Tibre, évêché, capitale du Pérousin. Près de cette ville est le lac de Pérouse, autrefois *Trasimène*, célèbre par la victoire d'Annibal sur les Romains.

Spolette, évêché, capitale de l'Ombrie, dont la cathédrale est bâtie en marbre. Près de *Terni*, le Vélino forme une très belle cascade.

Foligno, ville commerçante, qui renferme de belles églises et de beaux palais.

Maghano, évêché, près du Tibre, dans la terre de Sabine.

Ancône, évêché, dans la marche d'Ancône, autrefois *Picenum*, avec un port sur le golfe de Venise.

Macérata, évêché. A l'est, on voit *Lorette*, sur le golfe de Venise, fameux pélerinage à la Sainte Vierge.

Urbin, archevêché, dans le duché de ce nom, patrie du fameux peintre Raphaël.

Sinigaglia, jolie et forte ville, où il se tient une foire considérable.

Ravenne, archevêché, ville autrefois fameuse par son Exarchat, dans la Romagne.

Faënza, où l'on croit que la faience a été inventée.

Rimini, près du golfe de Venise. Près de cette ville est la petite république de *S. Marin*, qui est sous la protection du Pape.

Bologne, archevêché, capitale du Bolonois, avec une académie célèbre appelée *Institut de Bologne*. Cette ville a des manufactures nombreuses et de beaux édifices. Sa charcuterie est très-renommée.

Ferrare, archevêché, capitale du Ferrarois, a eu autrefois des ducs particuliers.

Comachio, évêché, ville bâtie dans un marais, près du golfe de Venise.

ROYAUME

ROYAUME DE NAPLES.

D. *Où est situé le royaume de Naples ?*

R. Le royaume de Naples, dont la Sicile fait partie, et qu'on appelle aussi royaume des *Deux-Siciles*, est situé au sud est des états de l'Eglise. Il étoit anciennement connu sous le nom de *Grande Grèce*, à cause des colonies grecques qui s'y étoient établies.

Dans ce pays, la beauté du climat égale la merveilleuse fécondité du sol. Mais les habitans passent pour inconstans, paresseux, fourbes et dissimulés. Les tremblemens de terre y sont fréquens, et causent quelquefois de grands ravages.

D. *Quelles révolutions a-t-il éprouvées ?*

R. Ce royaume a éprouvé de nombreuses révolutions. Après avoir été possédé par les Grecs, les Romains et les Sarrasins, il devint la proie de Pelerins Normands, dont les chefs prirent les titres de Ducs de Calabre et de Comtes de Sicile, jusqu'à Roger II, qui prit le titre de roi, en 1130. Il passa ensuite successivement au pouvoir des Allemands, des Français et des Espagnols, jusqu'en 1707, que l'Empereur s'en empara. En 1736, il fut cédé à un prince de la maison d'Espagne, dont le fils règne actuellement sous le nom de Ferdinand IV.

D. *Comment est divisé ce royaume ?*

R. Le royaume de Naples se divise en quatre grandes provinces : la Terre de Labour, à l'ouest ; l'Abruzze, au nord ; la Pouille, à l'est ; et la Calabre au sud. Chacune de ces provinces est sous-divisée en trois parties.

Les villes principales sont :

Dans la Terre de Labour. — NAPLES, autrefois *Parthénope*, archevêché, capitale du royaume, et de la Terre de Labour. C'est une ville grande et magnifique, bâtie en amphithéâtre sur un golfe de même nom, avec un port excellent. Le séjour en seroit délicieux, si les éruptions du Vésuve, qui n'en est qu'à deux lieues, ne la menaçoient souvent d'une destruction subite. C'est dans le voisinage de ce volcan que l'on recueille le fameux vin de *Lacryma Christi*.

Dans les environs de Naples, on remarque *Portici*, maison de plaisance du roi; elle est enrichie des objets précieux tirés des ruines d'Herculanum qui en étoit voisine, et qui fut abîmée sous un amas de cendres vomies par le volcan.

Pouzzol, sur la mer, autrefois *Puteoli*, où l'on voit quelques antiquités. A l'ouest de Naples, est le mont *Pausilippe*, qu'on a percé d'un bout à l'autre pour y pratiquer une grande route. Sur la croupe de cette montagne est le tombeau de Virgile.

Gaete, évêché, place forte, avec un beau port sur un golfe de même nom.

Capoue, archevêché, à une lieue de l'ancienne, dont le séjour fut fatal à l'armée d'Annibal.

Bénévent, duché, qui appartient au Pape.

Ponte-Corvo, petite ville érigée en principauté, dépendante aussi du Pape.

Salerne, archevêché, avec un port sur un golfe de même nom. Elle est célèbre par son ancienne école de médecine.

Dans l'Abruzze ultérieure. — Aquila, évêché, place forte.

Chiéti ou *Theate*, dans l'Abruzze citérieure.

Molise, dans le comté de ce nom.

Dans la Pouille.—Lucéra, capitale, ville commerçante.

Manfrédonia, archevêché, avec un bon port sur le golfe de Venise.

Bari, archevêché, port de mer sur le golfe de Venise, dans la Terre de Bari. Elle fait un commerce considérable.

Otrante, Brindisi et Tarente, archevêchés, dans la Terre d'Otrante.

Dans la Calabre. — Cirenza, archevêché, capitale de la Basilicate.

Venosa ou Venuse, patrie d'Horace.

Cosenza et Rossano, archevêchés, dans la Calabre citérieure. A l'ouest de Rossano, on voit les ruines de *Sibaris*, ville fameuse par la mollesse de ses habitans.

Régio, archevêché, capitale de la Calabre ultérieure, près du détroit de Messine.

La Calabre produit d'excellente manne et du liège.

Iles de l'Italie.

D. *Quelles sont les îles principales de l'Italie?*
R. Les îles principales de l'Italie sont la Sicile, la Sardaigne et l'île de Malte.

La SICILE, qui fut long-temps le théâtre des guerres de Rome et de Carthage, est une île considérable, avec titre de royaume, au sud de l'Italie, dont elle n'est séparée que par le détroit de Messine. Elle est si fertile, qu'on la nommoit autrefois le *grenier de Rome*. Elle fait partie du royaume des *Deux-Siciles*.

On la divise en trois provinces : la vallée de Démona, au nord-est; la vallée de Noto, au sud; et la vallée de Mazara, à l'ouest. En voici les villes principales :

PALERME, au nord, port de mer, archevêché, capitale de la Sicile, dans la vallée de Mazara.

Mazara, évêché. — *Girgenti*, près des ruines de l'ancienne *Agrigente*.

Catane, évêché, ville ancienne et célèbre, dans la vallée de Noto. Au nord-ouest de Catane, on voit le mont *Etna* ou *Gibel*, volcan presqu'aussi terrible que le Vésuve.

Siragusa, autrefois *Syracuse*, port de mer, évêché, ville autrefois célèbre, et patrie d'Archimède.

Messine, archevêché, port de mer, sur le détroit de son nom, dans la vallée de Démona. *Charybde* et *Scylla* sont deux écueils fameux à l'entrée du détroit.

Près de la Sicile sont les îles de *Lipari*, remarquables par leurs volcans.

La Sardaigne, au sud de la Corse, est une des possessions du roi de Sardaigne. L'air y est épais et mal-sain ; le sol seroit fertile, s'il étoit mieux cultivé.

On pêche sur ses côtes du corail et beaucoup de poissons.

Cagliari, capitale, archevêché, port de mer, a un château et une université.

Les autres villes sont *Sassari*, au nord de l'île, avec un archevêché ; *Oristagni*, aussi archevêché, et *Algeri*.

L'île de Malte, jadis *Melita*, n'est qu'un rocher stérile qui produit un peu de coton, des fruits, et sur-tout des oranges dont on fait un grand commerce. Le bois y est fort rare, et les habitans tirent leur blé de la Sicile.

Cette île fut donnée en 1530 par Charles-Quint aux chevaliers de Saint Jean de Jérusalem, après qu'ils eurent été chassés de l'île de Rhodes par les Turcs : ils prirent alors le nom de *Chevaliers de Malte*. Les Anglois sont maîtres de cette île, en vertu du traité de paix de 1814.

La capitale est Malte ou la Cité-Valette, évêché, port de mer, l'une des plus fortes places de l'Europe. Elle fut bâtie sur un roc par le grand-maître Jean de la Valette, dont elle porte le nom.

Près de l'île de Malte est celle de *Gozo* qui en dépend.

ESPAGNE.

D. *Quelles sont les bornes de l'Espagne?*

R. L'Espagne, qui, avec le Portugal, se nommoit autrefois *Iberie* et *Hespérie*, est bornée au nord par l'Océan, et par les Pyrénées qui la séparent de la France; à l'est et au sud, par la Méditerranée; et à l'ouest, par le Portugal et l'Océan. Son étendue est d'environ 240 lieues de long sur 200 de large.

D. *Quelle est la nature du pays?*

R. L'air est en général sec et chaud, sur-tout dans la partie du midi. Le pays est peu peuplé. Le sol, quoique sablonneux, ne laisseroit pas d'être fertile, s'il étoit mieux cultivé. On distingue parmi les productions de l'Espagne, ses vins exquis, ses chevaux renommés, ses fruits délicieux, et ses laines qui sont les plus fines de l'Europe.

D. *Quelles sont les mœurs des Espagnols?*

R. Les Espagnols sont orgueilleux, portés à la vengeance et à la paresse; mais spirituels, sobres et patiens dans les maux.

Leur langue, qui est dérivée du latin, est sonore et majestueuse.

D. *Quelle est la religion des Espagnols?*

R. La religion catholique y est la seule permise. On y compte huit archevêchés, quarante-six évêchés, et un grand nombre de couvens. Le tribunal de l'inquisition est chargé de rechercher et de punir tout ce qui lui paroît contraire à la bonne doctrine.

D. *En quoi consiste le commerce de l'Espagne?*

R. L'or et l'argent de l'Amérique sont pour les

Espagnols la principale branche de commerce. Ils les donnent en échange de la plupart des choses nécessaires qu'ils achètent des autres peuples. Ils font des exportations considérables de soude, espèce de plante marine, dont les cendres sont employées dans la fabrication du verre et du savon.

D. *Quel est le gouvernement de l'Espagne ?*

R. Le gouvernement de l'Espagne est une monarchie héréditaire, même aux filles. Le roi porte le titre de *Catholique*, et de *Roi des Espagnes et des Indes*, à cause de ses possessions en Amérique. Il a plusieurs conseils, entr'autres le conseil privé ou la *Junte*, et deux conseils supérieurs, celui de Castille et celui d'Aragon.

D. *Quelles sont les révolutions arrivées dans cet état ?*

R. L'Espagne, habitée successivement par des Africains, des Phéniciens et des Carthaginois, fut conquise par les Romains vers l'an 200 avant J. C. Ils la possédèrent jusqu'à l'invasion des Visigoths, qui y fondèrent une puissante monarchie, vers l'an 409. Dans le 8.ᵉ siècle, les Maures ou Arabes venus d'Afrique, s'emparèrent de presque toute l'Espagne et y régnèrent plus de 700 ans. Enfin les Chrétiens qui s'étoient réfugiés dans les Asturies, parvinrent, après 800 ans de combats, à chasser les Maures; et en 1479, toutes les provinces ou petits royaumes qui divisoient l'Espagne, furent réunis en un seul par le mariage de Ferdinand, roi d'Aragon, avec Isabelle, reine de Castille. Jeanne, leur fille ayant épousé l'Archiduc Philippe, ce royaume passa dans la maison d'Autriche, jusqu'en 1700, qu'il fut possédé par Philippe V, petit fils de Louis XIV, dont la postérité y a régné jusqu'à présent. Le dernier roi, Charles IV, a abdiqué en 1808, en faveur de son fils Ferdinand VII, actuellement régnant.

D. *Comment divise-t-on l'Espagne ?*

R. On la divise en treize provinces, dont quelques-unes portent encore le titre de royaumes. Il y en a quatre sur l'Océan, savoir : la *Biscaye*, les *Asturies*, la *Galice*, au nord, et l'*Andalousie*, au sud ; quatre sur la Méditerranée, les royaumes de *Grenade*, de *Murcie*, de *Valence*, et la *Catalogne* ; cinq au milieu, le royaume d'*Aragon*, la *Navarre*, la *Castille-Vieille*, le royaume de *Léon*, et la *Castille-Nouvelle*.

D. *Quelles sont les rivières principales de l'Espagne ?*

R. Ce sont le *Tage*, qui a sa source sur les confins de l'Aragon, traverse la Castille-Nouvelle, et se jette dans l'Océan près de Lisbonne.

L'*Ebre*, qui naît près des Asturies dans la Castille-Vieille, et se jette dans la Méditerranée au-dessous de Tortose.

Le *Douro*, qui naît au-dessus de Soria, dans la Castille-Vieille, et coule dans l'Océan près de Porto.

Le *Minho*, qui a sa source au nord de la Galice, et se jette dans l'Océan entre la Galice et le Portugal.

La *Guadiana*, qui sort de certains lacs dans la Castille-Nouvelle, passe à Calatrava, et se rend à la mer entre l'Algarve et l'Andalousie.

Le *Guadalquivir*, qui naît au sud-est de la Castille-Nouvelle, passe à Cordoue, à Séville, et se perd dans le golfe de Cadix.

Biscaye.

D. *Qu'est-ce que la Biscaye ?*

R. La Biscaye, autrefois *Cantabrie*, est voisine de la France, et fait un grand commerce de fers, de safran, de résine et de bois de construction. Les Biscayens sont actifs, industrieux, bons soldats, et les plus habiles marins de l'Espagne.

Bilbao, capitale, évêché, port de mer, est renommée par son commerce et par sa situation agréable.

Saint-Sébastien, port de mer, a des forges où l'on fait de bonnes lames d'épée.

Fontarabie, place forte, à l'embouchure de la Bidassoa.

Vittoria, jolie ville, ainsi nommée de la victoire que Sanche-le-Grand y remporta sur les Maures.

Asturies.

D. *Décrivez les Asturies.*

R. C'est un pays rempli de montagnes et de forêts, à l'ouest de la Biscaye : il produit d'excellens vins et des chevaux estimés. Le fils aîné du roi d'Espagne prend le titre de *Prince des Asturies*.

Oviédo, évêché, en est la capitale. Elle l'étoit aussi du petit royaume que les Chrétiens y érigèrent en 718, et dont Pélage fut le premier roi.

Santillane, sur la mer, capitale des Asturies de même nom.

Galice.

D. *Qu'y a-t-il à remarquer dans la Galice ?*

R. Cette province, autrefois royaume, à l'ouest des Asturies, produit d'excellens vins, des bois de construction, et nourrit beaucoup de chevaux et de mulets. Il y a des mines d'argent, de cuivre, d'étain, de vitriol, de soufre et de vermillon. On y a établi des manufactures de toiles.

Compostelle, ou *Saint-Jacques de Compostelle*, archevêché, capitale de la Galice, est fameuse par son pelerinage à Saint-Jacques dont on croit posséder les reliques dans la cathédrale.

La Corogne et Ferrol sont deux bons ports sur l'Océan.

Lugo et Orensé, sur le Minho, sont connues par leurs bains d'eaux chaudes.

Andalousie.

D. *Que dites vous de l'Andalousie ?*

R. Cette province, nommée autrefois *Bétique*,

est la plus fertile et la plus commerçante de l'Espagne. Le blé, les huiles, les vins, la soie et les chevaux, sont sa principale richesse.

Séville, capitale, archevêché et université, avec un bon port sur le Guadalquivir, est la plus grande ville d'Espagne après Madrid. On y fabrique des soieries, des draps et du tabac. Sa cathédrale est magnifique. C'est la patrie de Michel Cervantes, auteur du roman de Don-Quichotte.

Cordoue, évêché, est bien déchue de son ancienne beauté. Son haras, qui est établi dans le palais des rois Maures, est le plus beau de l'Espagne. C'est la patrie du poète Lucain et des deux Sénèque.

Cadix, autrefois *Gadès*, évêché, port de mer, est située dans une presqu'île. C'est le siége principal du commerce Espagnol. Le vin de *Rota* croît dans les environs.

Gibraltar, fort qui commande le détroit, est bâti sur un rocher nommé autrefois *Calpe*. Les Anglois en sont maîtres.

Royaume de Grenade.

D. *Qu'est ce que le royaume de Grenade?*

R. Ce royaume, à l'est de l'Andalousie, est le dernier dont les Maures furent chassés en 1492 par Ferdinand, roi d'Aragon. Il est très-fertile en blé, en vins, et en fruits délicieux : on y fait un grand commerce de belle soie.

Grenade, archevêché, capitale de la province, étoit fort célèbre du temps des rois Maures, qui y faisoient leur résidence.

Malaga, avec un port sur la Méditerranée, est renommée par ses excellens vins, dont elle fait un commerce considérable.

Royaume de Murcie.

D. *Décrivez le royaume de Murcie.*

R. Cette province, à l'est de la précédente,

produit peu de blé et de vin, parce qu'il y pleut rarement ; mais on y trouve quantité de fruits exquis, de cannes à sucre, de soie, d'alun et d'améthystes.

Murcie, capitale, évêché, sur la Ségura, est une ville grande et bien bâtie. Le clocher de la cathédrale a une rampe si douce, qu'un carrosse peut monter jusqu'au haut.

Carthagene, qui a un port excellent, fut fondée par les Carthaginois. Elle fait un grand commerce de soude.

Royaume de Valence.

D. *Que remarque-t-on du royaume de Valence ?*

R. Cette province, au nord du royaume de Murcie, est l'une des plus agréables et des plus fertiles. On y jouit d'un printemps presque continuel ; et les habitans y sont d'un caractère doux et traitable.

Valence, archevêché, sur le Guadalaviar, en est la capitale. Elle fait un grand commerce en soie, vin, fruits, soude et eau-de-vie. On y fabrique des draps et des étoffes de soie.

Ségorbe, évêché, dans un terroir fertile en blé et en vin.

Alicante, avec un bon port, est renommée par ses vins, et fait un grand commerce de soude, de savon, d'anis, et d'autres denrées du pays.

Morvédro est bâtie des ruines de l'ancienne *Sagonte.*

Catalogne.

D. *Quelle est la Catalogne ?*

R. Cette principauté, voisine de la France, est fertile en blés, en vins et en fruits. On y trouve des mines de toutes sortes, et l'on pêche du corail sur ses côtes.

Barcelone, évêché, capitale, avec un port,

est une ville grande et riche, bien fortifiée et très-commerçante. On y fabrique des dentelles, des soieries, et des couvertures fort estimées.

Tortose, place forte, sur l'Ebre, avec un beau port.

Tarragone, archevêché, sur la Méditerranée.

Roses, ville forte, avec un port.

Lérida, évêché, place forte, sur la Sègre, est célèbre par la victoire que César remporta sur le parti de Pompée.

Royaume d'Aragon.

D. *Quel est le royaume d'Aragon ?*

R. C'est un pays sec, sablonneux, et qui n'est fertile que dans les lieux arrosés. On y recueille peu de blé et de vin ; mais il y a de bonnes mines de fer.

Saragosse, capitale, archevêché, sur l'Ebre, a de beaux édifices publics, et commerce en draps et en soieries. Les rois d'Aragon y faisoient leur résidence.

Jacca, évêché, sur l'Aragon.

Albarazin, évêché. Ses laines sont les meilleures du pays.

Huesca, évêché, recueille d'excellens vins.

Navarre.

D. *Que dites-vous de la Navarre ?*

R. La Navarre, au nord-ouest de l'Aragon, est un royaume que Ferdinand V. usurpa en 1512 sur Jean d'Albret, aïeul maternel de Henri IV, roi de France. La Basse-Navarre, qui en faisoit partie, est restée unie à la France.

C'est un pays montagneux et peu fertile, mais il y a beaucoup de bestiaux et de gibier.

Pampelune, capitale, évêché, sur l'Arga, est une ville forte, qui a des manufactures de faïence et de papier.

Estella, située sur l'Ega.—Tudela, sur l'Ebre, dans un terroir fertile en bon vin.

Entre Pampelune et St.-Jean-Pied de-Port, est la vallée de *Roncevaux*, où l'arrière-garde de l'armée de Charlemagne fut défaite en 778 par les Sarrasins, et où périt le fameux *Roland*, son neveu.

Castille-Vieille.

D. *Faites-nous connoître la Castille-Vieille.*

R. Cette province, à l'ouest de l'Aragon, n'est ni peuplée, ni fertile, ni cultivée; mais ses laines sont les plus estimées de l'Europe.

Burgos, archevêché, sur l'Arlançon, en est la capitale. Les places, les édifices et les fontaines y sont d'une grande beauté.

Valladolid, évêché, université, est une grande ville où les rois de Castille ont résidé jusqu'à Charles-Quint.

Ségovie, évêché, sur l'Fresma, est renommée par ses laines et ses beaux draps.

Avila, évêché, où l'on fabrique de très-beaux draps, est la patrie de Sainte Thérèse.

Castille-Nouvelle.

D. *Qu'est-ce que la Castille-Nouvelle?*

R. Cette province est le centre de la monarchie espagnole. Elle produit du blé, du vin et du safran, quoique son terroir manque d'eau.

Madrid en est la capitale, ainsi que de toute l'Espagne. Elle est sur le Mançanarès, qui, en été, n'est qu'un petit ruisseau, quoiqu'on le passe sur un pont magnifique. Depuis Philippe II, elle est la résidence des souverains; le palais royal est superbe et richement orné. Il y a une académie, et diverses manufactures.

Aux environs de Madrid, on voit diverses maisons royales, telles que l'*Escurial*, au nord, avec un magnifique couvent; *Aranjuez*, sur le Tage, et *Saint-Ildephonse*, au nord.

Tolède,

Tolède, sur le Tage, a un archevêché très-riche, qui donne le titre de *Primat d'Espagne*.

Calatrava, capitale de la Manche.

Badajoz, évêché, place forte, capitale de l'Estramadure, sur la Guadiana.

Royaume de Léon.

D. *Qu'est-ce que le royaume de Léon?*

R. Cette province, à l'ouest des deux Castilles, est plus fertile en blés qu'en vins. Le Douro le partage en deux parties presque égales.

Léon, évêché, capitale, fut bâtie par les Romains du temps de Galba. Sa cathédrale passe pour la plus belle d'Espagne.

Salamanque, évêché, sur la rivière de Tormes; son université est la plus célèbre d'Espagne.

Zamora, évêché, sur le Douro, a des mines de turquoises.

Iles d'Espagne.

D. *Où sont les îles d'Espagne?*

R. Ces îles sont dans la Méditerranée, à l'est de l'Espagne. Il y en a trois, Majorque, Minorque et Ivica, nommées autrefois *Baléares*, dont les anciens habitans étoient habiles frondeurs.

Majorque, la principale des trois, produit du blé, du vin délicieux et des olives. Sa capitale est *Majorque* ou *Palma*, évêché, place forte, et port de mer.

Minorque est peu fertile, mais elle a de beau marbre et du vin fort estimé. Les Anglois en sont maîtres depuis quelques années. *Citadella* en est la capitale, avec un assez bon port. *Port-Mahon* a un port excellent.

Ivica a des salines très-abondantes. Sa capitale porte le même nom.

Les Espagnols ont encore des possessions considérables en Afrique, en Asie et en Amérique.

L

PORTUGAL.

D. *Marquez les bornes du Portugal.*

R. Ce royaume est borné au nord et à l'est, par l'Espagne; au sud et à l'ouest, par l'Océan. Son étendue est d'environ 120 lieues de long, sur 40 à 50 de large.

D. *Quelles sont ses productions?*

R. Le Portugal n'est pas aussi fertile en blé que l'Espagne; mais on y trouve de bons vins, des fruits exquis, tels que citrons, oranges et olives, de la soie, des pierres précieuses, et des mines de différens métaux.

D. *Quel est le caractère des Portugais?*

R. Les Portugais sont polis, braves, sobres, quoique magnifiques. Ils passent aussi pour fiers, vindicatifs et dissimulés. Ils ne suivent que la religion catholique.

D. *Quel est le gouvernement?*

R. Il est monarchique et héréditaire, même pour les femmes. Le roi porte le titre de *Majesté Très-Fidèle*, de roi de Portugal et des Indes.

D. *Quelle est l'histoire du Portugal?*

R. Le Portugal a suivi long-temps le sort de l'Espagne, dont il dépendoit sous le nom de *Lusitanie*. Après avoir appartenu successivement aux Romains, aux Visigoths et aux Maures, il fut conquis en partie par Alponse VI, roi de Castille, et donné à titre de comté à Henri de Bourgogne, prince français. Son fils, Alphonse remporta une victoire signalée sur les Maures, et fut proclamé roi en 1139. Ses descendans régnèrent jusqu'en 1580, que Philippe II, roi d'Espagne, s'empara du Portugal. Soixante ans après, les Portugais se révoltèrent, et élurent pour Roi Jean IV, duc de Bragance, qui descendoit d'un fils naturel de leur roi Jean I. La princesse régnante est Marie-Françoise-Elizabeth, qui a succédé à son père Joseph en 1777.

D. *Quelles sont les rivières du Portugal?*

R. Ce sont le Tage, le Douro, et la Guadiana, dont on a parlé à l'article de l'Espagne.

D. *Comment divise-t-on le Portugal?*

R. En six parties, savoir : la province entre Douro et Minho, celle de Tra-los-Montes, le Béira, l'Estramadure portugaise, l'Alentéjo, et le royaume d'Algarve.

D. *Nommez les villes principales de chaque province.*

R. *Entre Douro et Minho.* — BRAGUE, capitale, archevêché, où l'on trouve des ruines d'antiquités.

Porto, évêché, à l'embouchure du Douro, renommée par ses vins.

Tra-los-Montes. — MIRANDA, capitale, évêché, place forte, sur le Douro.

Bragance, duché, avec une citadelle et des manufactures de velours.

Villa-Réal, jolie ville, avec titre de marquisat.

Béira. — COIMBRE, évêché, capitale, sur le Mondégo, avec une célèbre université.

Lamégo, évêché, sur le Douro. — La Guarda, place forte, évêché.

Estramadure. — LISBONNE, capitale de la province et de tout le Portugal, avec un archevêché, et un port à l'embouchure du Tage. Cette ville, le séjour des rois, fait un commerce immense.

Santaren, sur le Tage, dans un terrain riche et fertile.

Sétuval, port de mer, fameuse par ses vins et ses salines.

Alentejo. — EVORA, archevêché, capitale, avec une université.

Portalègre, jolie et forte ville, avec un évêché.

Elvas, place forte, évêché, avec un bel aqueduc.

Villa-Viciosa, ancien séjour des ducs de Bragance.

Algarve. — TAVIRA, capitale, avec un bon port.

Faro, évêché, port de mer, fait commerce de vins, thons et sardines.

Lagos, aussi port de mer.

Les Portugais ont encore des possessions dans les trois autres parties du monde.

ÉTATS D'ALLEMAGNE.

D. *Qu'est-ce que l'Allemagne ?*

R. L'Allemagne, appelée autrefois *Germanie*, à l'est de la France, a porté le titre d'Empire jusqu'en 1806. Il avoit été établi en 800 par Charlemagne, roi de France, qui renouvela alors l'empire d'Occident, éteint depuis l'an 476 par l'invasion des peuples du nord. A la mort de son fils Louis le Débonnaire, l'empire fut partagé entre ses enfans, et l'un d'eux fut fait roi de Germanie ou de Bavière. Le titre d'Empereur passa dans cette branche des descendans de Charlemagne, et y resta jusqu'en 911, qu'il devint électif dans la personne de Conrad, duc de Franconie. Après lui, l'empire a passé successivement à des princes de diverses maisons ; mais dans les derniers siècles, il a toujours été possédé par la maison d'Autriche.

D. *Quelles sont les bornes de l'Allemagne ?*

R. Elle est bornée au nord par la mer Baltique, le Danemarck et la mer d'Allemagne ; à l'est, par la Pologne et la Hongrie ; au sud, par la Suisse et l'Italie ; et à l'ouest, par la France et les Pays-Bas. Son étendue est d'environ 240 lieues du nord au sud, et de 200 de l'ouest à l'est.

D. *Quelles sont les productions de ce pays ?*

R. Le sol y est généralement fertile en blés et en pâturages. On y recueille de très-bons vins le long du Rhin et du Necker.

Les mines sont nombreuses et bien exploitées. Il y a beaucoup de forêts, qui sont remplies de gibier.

D. *Quelles sont les mœurs des Allemands ?*

R. Ils sont robustes, francs, industrieux, bons soldats, mais peu sobres. Ils aiment beaucoup la musique, l'étude et le travail. La noblesse y est tres-jalouse de ses titres.

D. *Quelle religion professent-ils ?*

R. Ils professent la religion catholique, la luthérienne et la calviniste. Les Juifs et quelques autres sectaires y sont tolérés.

D. *Quel est le gouvernement de l'Allemagne ?*

R. Avant les derniers changemens, c'étoit une espèce de confédération formée de 300 princes souverains chacun dans leurs états, et de plusieurs villes libres qui étoient autant de républiques. Tous ces états reconnoissoient un chef électif, sous le nom d'*Empereur*; mais la souveraineté résidoit dans une *diète* ou assemblée générale, qui se tenoit à Ratisbonne, et qui étoit composée des électeurs, des princes, et des députés des villes libres, appelées *impériales*.

La confédération germanique vient d'être rétablie à peu pres sur les mêmes bases, et la *diète* doit siéger à Francfort-sur-le-Mein, sous la présidence de l'empereur d'Autriche.

D. *Quels sont les princes qu'on nommoit Electeurs?*

R. On donnoit le nom d'*Electeurs* aux premiers princes de l'Empire, parce qu'ils avoient seuls le droit de choisir l'Empereur parmi eux. Il y en avoit neuf, dont trois ecclésiastiques, qui étoient les archevêques de Mayence, de Trèves et de Cologne; et six laïcs, savoir: le roi de Bohême (archiduc d'Autriche), le duc de Bavière, le duc de Saxe, le marquis de Brandebourg (roi de Prusse), le comte Palatin (1), et le duc d'Hanovre (roi d'Angleterre).

―――――――――――――――――――――

(1). Par la mort de l'électeur de Bavière, en 1777, l'électorat de Bavière a été réuni à celui du prince Palatin.

D. Comment divisoit-on l'Allemagne?.

R. Avant 1806, l'Allemagne étoit divisée en neuf cercles ou grands arrondissemens, comprenant chacun plusieurs états, savoir : au nord, les cercles de Westphalie, de Basse-Saxe et de Haute-Saxe; au milieu, ceux du Haut-Rhin, du Bas-Rhin, et de Franconie; et au midi, ceux de Souabe, de Bavière et d'Autriche. La Bohême, la Moravie, la Lusace et la Silésie n'étoient point comprises dans les cercles.

D. Quelle est sa nouvelle division?

R. L'Allemagne est divisée aujourd'hui en six parties principales, savoir : les états du roi de Prusse, les royaumes d'Hanovre, de Saxe, de Bavière, de Wurtemberg, et l'empire d'Autriche.

D. Quels sont les principaux fleuves de l'Allemagne?

R. Le *Danube*, qui a sa source en Souabe, près de la Forêt-Noire, traverse toute l'Allemagne de l'ouest à l'est, arrose la Hongrie, la Turquie d'Europe, et se jette dans la mer Noire.

Le *Rhin*, qui sort du mont Saint-Gothard, en Suisse, traverse le lac de Constance, coule entre la France et l'Allemagne, arrose la Hollande, et se jette dans l'Océan.

L'*Elbe*, qui a sa source dans la Bohême, traverse les deux cercles de Saxe, et se jette dans la mer d'Allemagne, au-dessous d'Hambourg.

L'*Oder*, qui naît dans la Moravie, traverse la Silésie, le Brandebourg, la Poméranie, et se jette dans la mer Baltique.

Le *Weser*, qui prend sa source dans la Franconie sous le nom de *Werra*, reçoit la Fulde près de Minden, et se jette dans la mer du Nord.

ÉTATS
DE LA CONFÉDÉRATION GERMANIQUE.

D. Qu'est-ce que la Confédération Germanique?
R. C'est une réunion de trente-quatre souverains d'Allemagne, sous la présidence de l'Empereur d'Autriche. Ils envoient des députés à une diète générale qui se tient à Francfort-sur-le-Mein, pour y délibérer sur les intérêts communs.

Les principaux membres de la confédération sont l'Empereur d'Autriche, les rois de Prusse, de Danemarck, de Bavière, de Saxe, d'Hanovre, de Wurtemberg, les Grands-Ducs de Luxembourg (roi des Pays-Bas), de Bade, de Hesse, etc., et les villes libres de Francfort, de Hambourg, de Brême et de Lubeck.

ROYAUME DE PRUSSE.

D. Quelle est l'étendue du royaume de Prusse?
R. C'est un royaume considérable, situé au sud de la mer Baltique, et qui s'étend maintenant depuis le Niémen, à l'est, jusqu'au delà du Rhin, à l'ouest. Il est borné à l'orient par le royaume de Pologne, au sud par l'empire d'Autriche, la Saxe, la Bavière, l'ancien Palatinat du Rhin, et au couchant, par le royaume des Pays-Bas.

Il comprend, de l'est à l'ouest, la Prusse orientale et occidentale, les deux Lusaces, la plus grande partie de la Silésie, de la Haute-Saxe et de la Westphalie, avec plusieurs villes des pays circonvoisins.

D. Le royaume de Prusse est-il ancien?
R. La Prusse étoit anciennement occupée par les Borusses, qui étoient encore idolâtres au 13e

siècle. Elle fut subjuguée par les chevaliers de l'ordre Teutonique, qui la possédèrent jusqu'en 1525. Albert de Brandebourg, alors grand maître de l'ordre, ayant embrassé la religion luthérienne, disposa du pays en souverain. Il en céda la partie occidentale à la Pologne, sous le nom de *Prusse Royale* ou *Polonaise*, et assura le reste dans sa famille à titre de duché héréditaire. Cette partie, appelée *Prusse Ducale*, fut érigée en royaume, en 1701, par l'empereur Léopold, en faveur de Frédéric I, électeur de Brandebourg. Ce n'est que sous son petit-fils, Frédéric-le-Grand, que la Prusse a acquis la gloire et la puissance dont elle a joui jusqu'à présent.

D. *Quelles sont ses productions ?*

R. La Prusse proprement dite est en général fertile en blé, en chanvre et en lin. Ce pays a beaucoup de lacs, de bois, et de charbon de terre. L'air y est froid et humide vers la mer, mais il est très-sain dans la basse Silésie. On ramasse de l'ambre jaune sur les bords de la Baltique, dans le Samland.

D. *Quelle est la religion du pays?*

R. La religion luthérienne domine dans la Prusse Ducale, et la catholique, dans la Prusse Royale. Toutes les sectes sont tolérées dans le royaume, comme dans le reste de l'Allemagne.

D. *Quelles sont les rivières de la Prusse ?*

R. La Vistule qui prend sa source en Silésie, arrose la Pologne et la Prusse occidentale, et se jette dans la Baltique.

Le Niémen, et le Prégel, qui se jettent dans la même mer.

D. *Comment est divisée la monarchie Prussienne?*

R. Elle est divisée en dix provinces, qui comprennent chacune deux ou trois cercles; ce sont la Prusse orientale, la Prusse occidentale, et le grand duché de Posen, à l'orient; la Silésie, le Brandebourg, la Poméranie, et la Saxe, au

PRUSSE.

centre du royaume; la principauté de Munster, le grand-duché du Bas-Rhin, et les duchés de Berg et de Clèves, à l'ouest.

D. Quelles sont les villes principales des deux Prusses?

R. 1°. Dans la Prusse orientale, on distingue KŒNIGSBERG, capitale, avec un port sur la Baltique, à l'embouchure du Prégel. C'est une ville très-commerçante.

Pillau, place forte, avec un port sur la Baltique.

Mémel, au nord, place forte, avec un bon port.

BRANDEBOURG, capitale du Natangen, avec un port sur la Baltique. — HOLLAND, capitale de l'Hockerland, ville riche et commerçante.

2°. Dans la Prusse occidentale, DANTZICK, capitale, à l'embouchure de la Vistule, avec un bon port, ville très commerçante.

Marienbourg, sur un bras de la Vistule, qu'on appelle le *Nogat*.

Elbing, ville forte et très-commerçante.

Heilsberg, dans l'Ermeland, jolie ville, avec un beau château où réside l'évêque de Warmie.

Culm, évêché et université, sur la Vistule.

Thorn, sur la Vistule, patrie de Copernic, célèbre astronome.

3°. Dans le grand-duché de Posen, qui faisoit partie du duché de Varsovie, on remarque Posen ou Posna, capitale, évêché, sur la Warta.

Kalisch, ville forte, sur la Prosna. — Gnesne, archevêché, ville ancienne où l'on couronnoit les rois de Pologne.

D. Qu'est-ce que la Silésie?

R. C'est un duché situé à l'est de la Saxe, lequel fit long-temps partie de la Pologne. Au milieu du 14e. siècle, il fut incorporé au royaume de Bohême; mais, en 1745, la maison d'Autriche l'a cédé à la Prusse, à l'exception d'une partie de la haute Silésie.

Ce pays est très-riche en minéraux de différentes sortes, et fertile en blé, en pâturages et en bois.

On le divise en basse Silésie, au nord; et en haute, au midi. L'Oder traverse la Silésie dans toute sa longueur.

D. Quelles en sont les villes principales?

R. Breslau, évêché, sur l'Oder, capitale de la Silésie; elle a une université, et fait un commerce considérable. On y fabrique des draps connus sous le nom de *Silésie*.

Crossen, jolie ville, sur l'Oder, vers le nord.

Glogaw, grande ville, sur l'Oder, dans un pays fertile.

Lignitz, au sud de Glogaw, place forte, où se tiennent les états de la province.

Glatz, sur la Neisse, ville forte; il y a des eaux minérales dans les environs.

Oppelen, place forte, sur l'Oder, dans une belle plaine.

Ratibor, sur l'Oder, jolie petite ville, avec titre de duché.

Jagerndorf, sur l'Oppa, avec un château dans la Silésie autrichienne.

Troppau, ville forte, sur l'Oppa, dans la même Silésie, a des fabriques de draps et de savon.

Teschen, près de la source de la Vistule, a été donnée à un prince de Saxe, qui a épousé une archiduchesse d'Autriche.

D. Qu'est-ce que le Brandebourg?

R. Cette province, qui est dans le cercle de Haute Saxe, est la plus ancienne possession des rois de Prusse. Le sol en est peu fertile, mais les habitans sont très-industrieux. Elle se divise en trois cercles, Berlin, Postdam et Francfort.

Ses villes principales sont: Berlin, sur la Sprée, capitale de tous les états du roi de Prusse. On y admire un magnifique palais où réside le roi, un bel arsenal et un observatoire. Cette ville a diverses manufactures importantes.

Postdam, sur le Havel, est une belle ville qui a un château royal. Près de Postdam, est le château de *Sans Souci*, qui étoit la résidence ordinaire du grand Frédéric.

Francfort, sur l'Oder, célèbre par son université, par ses manufactures, et par les trois foires qu'on y tient chaque année.

Brandebourg, sur le Havel, ville très-commerçante, qui donne son nom à la province.

Prenslow, au nord du lac Uker.—Havelberg, à l'ouest, sur le Havel.

Kustrin, à l'est, ville très-forte, au confluent de la Warta et de l'Oder.

D. *Où est située la Poméranie ?*

R. La Poméranie, qui est vers la mer, étoit autrefois le pays des *Vandales*. Après avoir eu des princes et des ducs, depuis le 12ᵐᵉ siècle jusqu'en 1637, elle passa à l'électeur de Brandebourg, à l'exception de la partie occidentale dont les Suédois s'étoient rendus maîtres. En 1814, la Poméranie suédoise a été donnée au Danemarck, en échange de la Norwege, et elle vient d'être cédée à la Prusse, qui possède ainsi tout ce pays.

Ses villes principales sont :

Stettin, sur l'Oder, capitale, ville forte, où l'on construit des vaisseaux.

Colberg, sur la Baltique; cette ville a des salines.

Stralsund, capitale de l'ancienne Poméranie suédoise, ville autrefois riche et marchande, avec un port sur la Baltique. L'île de Rugen en est voisine et en dépend.

D. *Quelle est la province de Saxe ?*

R. Cette province comprend, outre les duchés de Magdebourg et d'Halberstadt, les parties du royaume de Saxe cédées à la Prusse, avec toute la Lusace, en vertu du congrès de Vienne, en 1815.

Elle se divise en trois cercles, Magdebourg, Mersebourg et Erfurt.

Les villes principales sont : Magdebourg, sur l'Elbe, dans le duché de ce nom, ville très-commerçante.

Halberstadt, où l'on fabrique des toiles et des lainages.

Gruningen, jolie ville, qui a un château magnifique.

Quedlimbourg, renommée par son excellente bière.

Vittemberg, sur l'Elbe, place forte, célèbre par son université, capitale du duché de Saxe.

Torgaw, sur l'Elbe, qui a différentes fabriques.

Hall, ville importante, sur la Saale, avec une université.

Mersebourg, aussi sur la Saale. — Eisleben, patrie de Luther. — Mansfeld, dans le comté de ce nom.

Nordhausen et Mulhausen, ci-devant villes impériales.

Erfurt ou Erfort, capitale de la principauté de ce nom dans la Thuringe, ville grande et forte, avec une université et une académie.

Neustadt, au sud, qui a des manufactures de toiles et de lainages.

Iéna, sur la Saale, avec une université.

Weimar, sur l'Ylm, capitale du grand-duché de Saxe-Weimar, et résidence du prince de ce nom.

Gotha, capitale et résidence du duc de Saxe-Gotha. — Eisenach, sur la Neisse, au même duc.

Meinungen, sur la Werra, résidence du duc de Saxe-Meinungen.

D. *Comment se divise la principauté d'Anhalt?*

R. Cette principauté, qui est enclavée dans la province de Saxe, au nord de la Thuringe, est partagée entre quatre princes, qui prennent le nom des villes où ils résident. Ces villes sont :

Dessaw, sur l'Elbe, résidence du prince d'Anhalt-Dessaw.

Kœthen, au sud-ouest de Dessaw, Bernbourg-
et

et Zerbst, possessions et résidences des princes de ce nom.

D. *Comment divise-t-on la Lusace ?*

R. La Lusace, qui appartenoit ci-devant au roi de Saxe, se divise en haute et basse. Elle est fertile en tout, excepté en vin. Son commerce consiste en toiles de lin et en laines.

Ses villes principales sont Bautzen ou Budissen, sur la Sprée, capitale de la haute Lusace.

Gorlitz, sur la Neisse, à l'est de Bautzen.

Luben, sur la Sprée, capitale de la basse Lusace. — Cotbus, ville forte, sur la Sprée.

D. *En quoi consiste la province de Munster ?*

R. Elle comprend aujourd'hui la partie de la Westphalie qui appartenoit au roi de Prusse avant 1807, avec quelques nouvelles acquisitions, telles que le duché de Westphalie, le comté de Dortmund, etc.

Le sol y est très-fertile en quelques endroits, et presque stérile en d'autres. La partie du nord nourrit de très-bons chevaux dans ses pâturages, et celle du sud produit des grains, du lin et du chanvre. On trouve dans ce pays des métaux et des minéraux curieux.

D. *Nommez-en les villes principales.*

R. Munster, capitale du ci-devant évêché de ce nom, ville riche et très-forte, qui fait commerce d'étoffes de laine et de toiles.

Ham, sur la Lippe, capitale du comté de la Marck.

Dortmund, au sud ouest de Ham.

Lingen et Tecklenbourg, dans les comtés de ce nom, où l'on fabrique de très-belles toiles.

Ravensberg, à l'est, qui a de bonnes manufactures de toile.

Minden, sur le Wéser, ville très-commerçante.

Paderborn, capitale de la principauté de ce nom, qui a été le séjour de plusieurs Empereurs.

Corvey, sur le Wéser, a une bibliothèque riche en manuscrits.

M

Arensberg, capitale du duché de Westphalie, au sud.

D. *De quoi est formé le grand-duché du Bas-Rhin?*

R. Cette province, située sur la rive gauche du Rhin, comprend les anciens départemens de la Roër, de Rhin-et-Moselle, et de la Sare, avec la partie orientale de ceux des Forêts, de l'Ourthe, et de la Meuse-Inférieure, le département du Mont-Tonnerre restant à l'Empereur d'Autriche.

Le nord de cette province a de bons pâturages, et le midi est fertile en grains et en vins. Ses villes principales sont :

Cologne, sur le Rhin, ci-devant impériale et capitale de l'électorat de Cologne. On y fabrique des rubans, et une eau spiritueuse qui porte son nom.

Aix-la-Chapelle, évêché, ville autrefois libre et impériale. Elle est fameuse par ses eaux minérales, et par le tombeau de Charlemagne qui en avoit fait le siége de son empire.

Gueldre, ville forte, au nord.—Crevelt, dans le comté de Meurs.—Juliers, sur la Roër.

Coblentz, au confluent du Rhin et de la Moselle, résidence du ci-devant électeur de Trèves.

Treves, sur la Moselle, évêché, ci-devant archevêché et capitale de l'électorat de ce nom. On y voit plusieurs beaux restes d'antiquités romaines.

Sarbruck, sur la Sare, qui appartenoit au prince de Nassau-Usingen.

D. *Où sont situés les duchés de Berg et de Clèves?*

R. Le premier est sur la droite du Rhin, et l'autre est traversé par ce fleuve. Leurs villes principales sont Cleves, à la gauche du Rhin, dans le duché de ce nom.

Wesel, place forte, au confluent de la Lippe et du Rhin.

Dusseldorf, capitale du duché de Berg, ville forte, avec une université, au confluent de la Dussel et du Rhin.

Lennep, au sud-est, qui fabrique de bons draps.

Le roi de Prusse possède encore, dans le cercle du Haut Rhin, les principautés de Nassau-Dillenbourg, Siegen, Diezt et Hadamar; la ville et le territoire de Wetzlar, sur la Lohn, la principauté de Fulde, le comté de Hanau, à l'exception de quelques bailliages; et le comté de Henneberg dans la Franconie.

D. *A qui appartient l'ancien département du Mont-Tonnerre?*

R. L'Autriche vient d'acquérir, par le congrès de Vienne, l'ancien département du Mont-Tonnerre, qui comprenoit une partie de l'électorat de Mayence et le duché de Deux-Ponts.

Il est fertile en lin, en chanvre, et sur-tout en bons vins. On y remarque Mayence, place forte, sur le Rhin, évêché, ci-devant archevêché et capitale de l'électorat de ce nom. Son commerce consiste en vin, tabac, et jambons qui sont fort renommés. C'est de cette ville que sont sortis les premiers livres imprimés en caractères mobiles.

Worms, près du Rhin, ci-devant libre et impériale.

Spire, sur le Rhin, ci-devant libre et impériale.

Kaiserslautern, sur la Lauter, ci-devant à l'électeur Palatin.

Deux-Ponts, jolie ville, capitale du ci-devant duché de ce nom.

ROYAUME D'HANOVRE.

D. *Depuis quelle époque le royaume d'Hanovre est-il érigé?*

R. Ce royaume, qui appartient au roi d'Angleterre, et qui portoit avant 1807 le titre d'électorat, a été érigé en 1815.

Situé au midi de l'Elbe, dans les cercles de Basse-Saxe et de Westphalie, il comprend les duchés de Brême, de Lunebourg, de Calenberg, et la partie de celui de Lawenbourg, à la gauche de l'Elbe ; les comtés de Danneberg, d'Hoye et Diepholtz, les principautés de Ferden, et d'Hildesheim, et le pays d'Osnabruck. Il faut y joindre la principauté d'Oost-Frise près de la mer du Nord, et une partie du comté de Lingen et de la principauté de Munster, cédée récemment par la Prusse.

D. Quelle est la nature du sol et sa fertilité?

R. Le sol de ce royaume est en partie aride et sablonneux, en partie marécageux et limoneux, ce qui le rend inégalement fertile. Il produit en général des grains, des fruits, du lin et du chanvre.

Le Wéser et l'Aller sont les principales rivières qui l'arrosent.

D. Quelles sont les villes remarquables de cet état?

R. Ses villes principales sont : HANOVRE, capitale, sur la Leine, dans le duché de Calenberg.

Lunebourg, ville forte, sur l'Elmenau qui va se jeter dans l'Elbe.

Danneberg, place forte, dans le duché de ce nom.

Stade, près de l'Elbe, capitale du duché de Brême, ville forte avec un port.

Ferden, sur l'Aller, a des eaux minérales.

Zell, jolie ville, sur l'Aller qui se jette dans le Wéser.

Brunswick, sur l'Ocker, ville grande et bien fortifiée, autrefois impériale et anséatique (1). Elle a diverses manufactures, et il s'y tient tous les ans deux foires très-fréquentées.

Wolfenbutel, au sud, qui appartient au duc de Brunswick.

---

(1) On appelle *anséatiques* les villes unies pour la protection de leur commerce.

Hildesheim, ville forte, sur l'Irnest, cédée par le roi de Prusse.

Goslar, ci-devant impériale, cédée à l'Hanovre par le roi de Prusse.

Eimbeck, sur la Leine, où l'on fabrique des étoffes de laine et des toiles.

Gottingue, sur la Leine, avec une célèbre université, une académie, et une belle bibliothèque.

Hoye, sur le Wéser, dans le comté de ce nom.

Embden, capitale de l'Oost-Frise, avec un port à l'embouchure de l'Ems.

Grand-Duché d'Oldenbourg.

D. Où est situé ce grand-duché ?

R. Cet état, nommé auparavant duché de Holstein-Oldenbourg, comprend le duché d'Oldenbourg, au nord de la Westphalie, et l'évêché de Lubeck dans le Holstein, au nord de l'Allemagne. Il fait partie de la confédération germanique.

Ses villes principales sont : Oldenbourg, capitale, sur le Hont, qui se jette dans le Wéser.

Delmenhorst, sur la Delm, près du Wéser, dans le comté de même nom.

Eutin, jolie ville, près de la Baltique, capitale du ci-devant évêché de Lubeck.

Grand-Duché de Mecklenbourg.

D. A qui appartient ce grand-duché ?

R. Cet état, qui est situé près de la Baltique, appartient à deux princes de la même famille, et se divise en deux parties sous les noms de *Schwerin* et de *Strelitz*, qui en sont les deux capitales.

Il faut y joindre *Wismar*, qui a un bon port sur la Baltique ; *Rostock*, ville commerçante, avec un port ; et *Gustrow*, qui fournit d'excellente bière.

Villes libres de l'Allemagne.

D. Quelles sont les villes libres de l'Allemagne ?

R. Ces villes, qui font partie de la Confédération, étoient ci-devant au nombre de 52; elles sont réduites à quatre, savoir :

Francfort, sur le Mein, capitale du ci-devant grand-duché de ce nom, dans le cercle du Haut-Rhin : il s'y tient chaque année deux foires célèbres. C'est là le siége de la diète de la confédération germanique.

Brême, au sud du duché de même nom, avec un port sur le Wéser. Son commerce est considérable, et elle possede diverses manufactures.

Hambourg, avec un port sur l'Elbe, au sud du duché de Holstein. C'est la première ville de l'Allemagne pour le commerce.

Lubeck, au nord-est d'Hambourg, et au sud de l'évêché de même nom, avec un port très-commerçant sur la *Trave*, à 4 lieues de son embouchure dans la Baltique.

ROYAUME DE SAXE.

D. Quelle est l'étendue de ce royaume?

R. Le royaume de Saxe, érigé en 1806 en faveur de l'électeur duc de Saxe, Frédéric-Auguste, vient d'être considérablement diminué par les cessions qui ont été faites au roi de Prusse, en vertu du congrès de Vienne. Il renferme les cercles de Misnie, de Leipsick et d'Erzebirge, avec les deux pays d'Ertzburg et de Voigtland, au sud.

La Saxe est riche en blés et en pâturages. On y trouve presque tous les métaux et les minéraux connus. C'est dans ce pays qu'on parle le mieux la langue allemande.

D. Quelles sont les villes principales de la Saxe?

R. Dresde, grande et belle ville, sur l'Elbe, capitale de la Misnie et du royaume de Saxe, résidence du souverain, avec une bonne citadelle et un bel arsenal.

Au nord-ouest de Dresde, est la ville de *Meissen*, sur l'Elbe, renommée par sa belle manufacture de porcelaines.

Leipsick, sur la Pleiss, ville forte, avec une fameuse université. Il s'y tient tous les ans deux foires célèbres, où il se fait un grand commerce de librairie. C'est la patrie de Leibnitz.

Freydberg, ville forte, capitale du cercle d'Erzebirge, où l'on fabrique des galons d'or et d'argent, des dentelles et des toiles.

Plawen, sur l'Elster, dans le pays de Voigtland, a des manufactures de mousselines et de toiles de coton.

Géra, au nord de Plawen, appartient aux comtes de Reuss.

ROYAUME DE BAVIÈRE.

D. Qu'est-ce que le royaume de Bavière ?

R. Le royaume de Bavière, érigé en 1806 en faveur de Maximilien Joseph, duc de Bavière, est borné au nord par la Bohême et la Franconie; à l'est, par l'Autriche; au sud, par le Tirol; et à l'ouest, par le royaume de Wurtemberg.

D. Quelles sont ses productions ?

R. Il est fertile en blé et en pâturages. Il a des salines, des mines de fer, de cuivre et d'argent; mais le pays est pauvre, parce qu'on y fait peu de commerce.

D. Quelle est la division de la Bavière ?

R. La Bavière est divisée en huit cercles ou départemens, savoir:

1. *Cercle du Mein.* — BAREITH OU BAREUTH, chef-lieu, sur le Mein.

Culembach et Bamberg, ci-devant au roi de Prusse, ainsi que Bareith.

2. *Cercle de la Resat.* — ANSPACH, chef-lieu, ci-devant au roi de Prusse, a diverses manufactures. — Nuremberg, sur la Pregnitz, ville ci-devant impériale dans la Franconie, où l'on fait un grand commerce de mercerie et de quincaillerie.

3. *Cercle du Regen.* — RATISBONNE, chef-lieu, sur le Danube. C'est une ancienne et belle ville, ci-devant libre et impériale, où se tenoit la diète de l'Empire. Elle a été cédée à la Baviere en 1809, par le prince-Primat, qui en étoit archevêque.

Amberg, jolie ville sur la Wils, ci-devant capitale du Palatinat de Baviere.

Straubing, ville forte sur le Danube.

4. *Cercle du Haut-Danube.* — EISCHTET, chef-lieu, ci-devant évêché, dans la Franconie.

Ingolstadt, ville très-forte, sur le Danube. — Neubourg, aussi sur le Danube.

5. *Cercle du Bas-Danube.* — PASSAU, chef-lieu, évêché, ville forte au confluent de l'Inn et du Danube. Elle appartenoit à son évêque. On trouve aux environs, de la terre propre à faire de la porcelaine.

6. *Cercle de l'Iller.* — KEMPTEN, chef-lieu, sur Iller, ville ci-devant impériale de Souabe. — Memmingen, ci devant ville impériale de Souabe.

Augsbourg, sur le Lech, ci-devant ville impériale, est la première pour le commerce et l'industrie. Ce fut dans cette ville que les Protestans signèrent en 1530 leur profession de foi, appelée *confession d'Augsbourg.*

7. *Cercle de l'Iser.* — MUNICH, chef lieu, sur l'Iser, est la capitale du royaume et la résidence du roi. C'est une des plus jolies villes d'Allemagne.

Freisingen, au nord de Munich, appartenoit ci-devant à son évêque.

8. *Cercle de la Saltz.* — SALTZBOURG, chef-lieu, sur la Saltz, cédée par l'Autriche à la Bavière en 1809. C'étoit la capitale d'une principauté de ce nom, qui avoit été donnée en indemnité au grand

Duc de Toscane, à titre d'électorat, puis incorporée aux domaines de l'Autriche par le traité de Présbourg, en 1806.

Le roi de Bavière possède en outre, 1.º le grand-duché de *Wurtzbourg*, qui lui a été cédé par l'Autriche en 1814. On y remarque les villes de *Wurtzbourg* et de *Schweinfurt*, sur le Mein, et *Mergentheim*, ou *Marienthal*, capitale des états du Grand-Maître de l'ordre Teutonique.

2.º La ville et le territoire d'Aschaffenbourg, cédés aussi en 1814, et qui faisoient partie des états du Grand-Duc de Francfort.

ROYAUME DE WURTEMBERG.

D. En quelle année a été fondé le royaume de Wurtemberg?

R. Ce royaume a été érigé en 1806, en faveur de Frédéric, duc de Wurtemberg. Il est composé de la plus grande partie du cercle de Souabe, et d'une partie du Brisgaw, à l'ouest. Ses bornes sont au nord, les grands duchés de Hesse-Darmstadt et de Wurtzbourg; à l'est, la Bavière; au sud, la Suisse; et à l'ouest, les Etats de Bade. C'est, après la Saxe, le meilleur pays de l'Allemagne.

D. Quelles en sont les villes principales?

R. Sturgard, près du Necker, capitale du royaume. Elle est assez grande et décorée de beaux édifices. C'est la résidence du prince.

Tubingen, jolie et forte ville, sur le Necker.

Halli et Weill, ci-devant villes impériales.

Esling, sur le Necker, ci-devant libre et impériale.

Nordlingen, à l'est, ci-devant ville impériale, cédée en 1809 au roi de Wurtemberg par celui de Bavière, avec quelques autres villes.

Hohenberg, près du Necker, capitale du comté de ce nom, ci-devant à l'Autriche.

Ulm, ville forte, sur le Danube, ci-devant impériale, et cedée par la Bavière au roi de Wurtemberg.

Nellembourg, ci-devant à l'Autriche.

Wildbad, près de Calb, dans la Forêt Noire, a des eaux minérales très-fréquentées.

États de Bade.

D. Quels sont les états de Bade ?

R. Les états de Bade, situés le long du Rhin, sont formés des deux Margraviats de Bade-Baden et de Bade-Dourlach, d'une partie du Brisgaw, de l'Ortenaw et de ses dépendances, d'une partie du Palatinat du Rhin, et de quelques villes impériales. Ils sont bornés au nord par le grand-duché de Hesse-Darmstadt, à l'est par la Forêt Noire qui les sépare du royaume de Wurtemberg, au sud et à l'ouest par le Rhin. Le pays est fertile en lin, chanvre et vin.

D. Nommez-en les villes principales ?

R. BADE, près du Rhin, capitale du grand-duché de ce nom, et célèbre par ses eaux minérales.

Rastadt, célèbre par le traité de paix de 1714 entre la France et l'Empereur, et par le congrès de 1798.

Fribourg, capitale du Brisgaw, ci-devant à l'Autriche.

Dourlach, sur la Giezen, capitale du marquisat de ce nom.

Philisbourg, sur le Rhin, au sud de Spire.

Gegenbach, Zell, Offenbourg, ci-devant villes impériales.

Constance et Mersbourg, sur le lac de Constance, ci-devant à l'Autriche.

Heidelberg, sur le Necker, qui a des fabriques d'indiennes et de bas de soie.

Manheim, jolie ville au confluent du Necker

et du Rhin, autrefois résidence de l'électeur Palatin.

États de Hesse.

D. *Quels sont les états du prince de Hesse?*

R. Ces états, situés à l'est du Rhin, sont formés du Landgraviat de Hesse-Darmstadt, dans le cercle du Haut Rhin, de la ville de Friedberg, et de plusieurs bailliages du Palatinat. L'autre partie de la Hesse, appelée électorale, appartient à l'ancien électeur. Les villes principales sont:

Darmstadt, capitale de l'état de ce nom, avec un beau château où le prince fait sa résidence.

Friedberg, ci-devant impériale, dans la Wétéravie.

Giessen, sur la Lohn, ville forte, avec un bel arsenal.

Nassau, sur la Lohn, capitale du comté de ce nom, appartenant au comte de Nassau.

Dans la Hesse électorale, on remarque *Cassel*, près de la Fulde, capitale, qui a plusieurs manufactures. Le prince y réside dans un très-beau palais.

EMPIRE D'AUTRICHE.

D. Quelles sont les bornes de l'Empire d'Autriche?

R. L'Empire d'Autriche est borné au nord par le royaume de Saxe et la Silésie; à l'est, par la Russie et la Moldavie; au sud, par la Turquie d'Europe et la Dalmatie; et à l'ouest, par l'Italie et le royaume de Bavière. Il comprend le cercle d'Autriche, la Bohême, la Moravie, une partie de la Silésie, la Hongrie, et la Gallicie ou Pologne autrichienne.

D. *Quelle est l'origine de la maison d'Autriche ?*

R. La maison d'Autriche descend des comtes d'Hapsbourg, originaires de Suisse, au canton de Berne. Rodolphe, l'un d'eux, parvint à l'empire en 1273, et revendiqua l'Autriche sur Ottocar, roi de Bohême, qui lui contestoit son élection. C'est cet empereur qui jeta les fondemens de la grandeur de la maison d'Autriche, d'où sont sortis depuis la plupart des empereurs. L'Autriche fut ensuite érigée en archiduché, avec de grands priviléges. Cette maison a donné seize empereurs à l'Allemagne, et six rois à l'Espagne; elle s'est éteinte par la mort de l'Empereur Charles VI. Marie Thérèse, sa fille et son héritière, par son mariage avec le prince François, duc de Lorraine, a fait succéder la maison de Lorraine à celle d'Autriche. Le prince régnant, François II, a pris en 1804, le titre d'empereur d'Autriche, auquel il joint celui de roi de Hongrie et de Bohême.

D. *Quelle religion y suit-on ?*

R. La religion catholique domine dans les pays autrichiens; mais depuis 1781, on y a permis le libre exercice de toutes les religions.

D. *Que comprend le cercle d'Autriche ?*

R. Il comprend l'archiduché de ce nom, les duchés de Stirie, de Carinthie, et de Carniole, avec le comté de Tirol qui avoit été cédé à la Bavière en 1806.

D. *Décrivez l'Autriche.*

R. L'Autriche, qui est arrosée par le Danube, et qui faisoit partie de l'ancienne *Pannonie*, est fertile en blé, en pâturages, en vins et en safran. Elle a des salines et des mines de plomb. Elle est divisée en haute et basse par la rivière d'Ens, qui se jette dans le Danube.

Vienne, sur le Danube, archevêché, capitale de l'empire d'Autriche, est une ville très-forte, qui

qui n'a d'étendue que par ses faubourgs. Elle est depuis long-temps la résidence des empereurs.

Près de Vienne sont les châteaux de *Scœnbrunn* et de *Laxembourg*, qui appartiennent à l'Empereur.

Lintz, aussi sur le Danube, place forte, capitale de la haute Autriche, a une manufacture considérable de lainages.

Neustadt, jolie ville, au sud de Vienne. — Baden, au nord de Neustadt, a des eaux minérales dans son voisinage.

D. *Quelles sont les villes principales de la Stirie?*

R. Judembourg, sur la Muer, capitale de la haute Stirie, au nord.

Gratz, évêché, ville forte, capitale de la basse Stirie, près de la Muer, fait un grand commerce de fer et de faïence.

D. *Nommez les villes de la Carinthie et de la Carniole.*

R. Clagenfurt, sur le Glan, ville forte, capitale de la Carinthie, a des manufactures de draps et de céruse.

Ortenbourg, sur la Drave, capitale du comté de ce nom.

Laubach, sur la rivière de ce nom, capitale de la Carniole.

Goritz, sur l'Isonzo, capitale du Frioul autrichien.

Trieste, avec un port sur le golfe de Venise, capitale de l'Istrie autrichienne. Elle fait un commerce considérable.

Fiume, avec un port sur le golfe de Carnero.

D. *Qu'y a-t-il à remarquer dans le Tirol?*

R. C'est un pays rempli de montagnes presque toujours couvertes de neiges, et qui renferment des mines d'argent, de fer, de cuivre et de sel, et des carrières de marbre et d'albâtre.

INSPRUCK, capitale, sur l'Inn, a une université, et des manufactures de rubans et de toiles de coton.

N

Brixen, évêché et principauté, a une cathédrale magnifique.

Trente, évêché et principauté, sur l'Adige, est célèbre par le dernier concile général qui s'y est tenu depuis 1545, jusqu'en 1563.

Bohême.

D. *Qu'est-ce que la Bohême?*

R. La Bohême, qui comprend aussi la Moravie, fut habitée autrefois par les *Boiens*, et érigée en royaume en 1086. Comme tributaire de l'Empire, le roi de Bohême fut admis au nombre des électeurs en 1208, par l'empereur Othon IV; et la couronne a passé dans la maison d'Autriche l'an 1527 en la personne de Ferdinand I, qui avoit épousé la sœur du dernier roi, mort sans enfans.

D. *Quelles sont les productions du pays?*

R. La Bohême, située au nord de l'Autriche, et entourée d'un cercle de montagnes, est assez fertile en grains, en pâturages et en safran. On y trouve de l'or, de l'argent, des diamans, etc. La vente de ses bestiaux et le produit de ses verreries, sont pour elle une source de richesses.

D. *Quelles en sont les villes principales?*

R. Prague, sur le Muldaw, archevêché, université, est la capitale de la Bohême propre et de tout le royaume. Les Français y soutinrent en 1742 un fameux siège, que les Autrichiens furent obligés de lever.

Konigsgratz, évêché, place forte, sur l'Elbe.

Elnbogen, et Egra, sur l'Eger, villes fortes.

Pilsen, belle et forte ville, à l'ouest.

Olmutz, évêché, sur la Morave, capitale de la Moravie, ville fortifiée, a un beau collége.

Brunn, ville forte, dans la Moravie, fait un grand commerce, et a de belles fabriques de draps.

Hongrie.

D. *Comment divise-t-on la Hongrie?*

R. Le royaume de Hongrie, qui appartient à la maison d'Autriche depuis 1527, comprend la Hongrie propre, qui se divise en haute et basse, la Transylvanie, l'Esclavonie, la Croatie et la Dalmatie. Il est situé à l'est de l'Autriche, et au nord de la Turquie.

D. *Faites-en la description.*

R. Ce pays, qui faisoit partie de la *Panonnie* et de la *Dacie*, a des lacs nombreux et des marais qui en rendent l'air humide et mal-sain. Le sol y est fertile, malgré la négligence des habitans qui sont plus guerriers qu'agriculteurs. Il y a des mines d'or, d'argent, de cuivre et de fer, des vins excellens, et des chevaux estimés.

Les rivieres principales sont le Danube, la Drave et la Save.

D. *Nommez les villes de la Hongrie propre.*

R. Presbourg, sur le Danube, capitale de la haute Hongrie, et de tout le royaume, dans un terrain fertile. C'est là que se tient la diete, et que l'on couronne les rois de Hongrie.

Agria ou Erlau, évêché, petite ville très-forte, sur l'Agria.

Tokai, fameuse par ses vins, qui sont les plus délicieux de l'Europe.

Bude, sur le Danube, capitale de la basse Hongrie, étoit autrefois celle de tout le royaume, et le séjour des rois. Vis-à-vis Bude, on voit *Pest*, avec laquelle elle communique par un pont de bateaux.

Gran ou Strigonie, archevêché, sur le Danube.

Albe-Royale, où les rois de Hongrie étoient autrefois couronnés et inhumés.

D. *Quelles sont les villes de la Transylvanie?*

R. Hermanstadt, évêché, capitale, résidence du gouverneur.

Cronstadt, ville fortifiée et commerçante.

Albe-Julie ou Carlsbourg, fondée par Marc-Aurèle.

D. *Nommez les villes de l'Esclavonie.*

R. Posséga, capitale, dans un canton fertile.

Péter Waradin, place forte, sur le Danube, célèbre par la bataille que le prince Eugène y gagna sur les Turcs en 1716.

Dans la Croatie autrichienne, on trouve *Zagrab*, évêché, sur la Save; et *Carlstadt*, ville forte, sur la rivière de Kulp.

Dans la Dalmatie autrichienne, *Ségna*, près du golfe de Venise, aux environs de laquelle habitent les Morlaques.

On donne le nom d'*Illyrie* au gouvernement qui comprend l'Esclavonie, la Croatie et la Dalmatie autrichienne.

Gallicie.

D. *Qu'est-ce que la Gallicie?*

R. On comprend sous ce nom la partie de la Pologne échue à la maison d'Autriche dans les partages de 1772 et de 1793. Cette partie, située au nord-est de la Hongrie, renferme la petite Pologne, ou Gallicie occidentale, et une partie de la Russie-Rouge, ou Gallicie orientale.

D. *Quelles sont les villes principales de la petite Pologne?*

R. Cracovie, sur la Vistule, ville libre, ci-devant capitale de la Gallicie occidentale et de toute la petite Pologne. Elle a un évêché et une université. C'est dans ses environs que sont les fameuses mines de sel de Wieliska et de Bochnia.

Sandomir, au bord de la Vistule, capitale du Palatinat de son nom.

Lublin, évêché, ville commerçante; dans le Palatinat de même nom.

D. *Nommez les villes de la Russie Rouge.*

R. Léopold ou Lemberg, archevêché, capitale

de la Gallicie orientale, ou de la Russie-Rouge. Elle a passé sous la domination autrichienne en 1773.

Zamosc, ville grande et bien bâtie.

Belz, assez grande ville, capitale du Palatinat de même nom.

D. Qu'est-ce que la Buckowine?

R. C'est un démembrement de la Moldavie, cédé par les Turcs à la maison d'Autriche, en 1778. Les villes principales sont *Czernowits*, et *Suczawa*. L'Autriche l'a cédée à la Russie en 1809.

ROYAUME D'ANGLETERRE.

D. *En quoi consiste le royaume d'Angleterre?*

R. Ce royaume, situé au nord de la France, et le plus riche du monde, est formé de deux grandes îles, la Grande-Bretagne et l'Irlande, et de plusieurs petites qui en sont voisines. La première renferme l'Angleterre proprement dite, au midi, et l'Ecosse, au nord. Toutes ces îles réunies se nomment aussi *Grande-Bretagne* ou *Iles Britanniques*.

D. *D'où vient le nom d'Angleterre?*

R. L'Angleterre, qui s'appeloit autrefois *Albion* et *Bretagne*, tire son nom des *Angles* ou *Anglo-Saxons*, que les Bretons avoient appelés de l'Allemagne à leur secours, pour repousser les Pictes, peuples sauvages de l'Ecosse. Mais, après avoir vaincu ces barbares, les Angles, unis aux Saxons, chassèrent les Bretons eux-mêmes, s'emparèrent de leur pays, et y fondèrent sept petits royaumes, qui furent réunis en 801 sous un seul roi nommé *Egbert*, et qui prirent alors le nom d'*Angleterre*.

Les Bretons chassés, se retirèrent dans le pays

de Galles, à l'ouest de l'Angleterre, et dans la partie des Gaules qui fut appelée *Bretagne* de leur nom.

D. *Quelle est la nature du climat et du sol ?*

R. La température est très-variable en Angleterre; l'air y est humide, et les brouillards fréquens. Mais le sol est généralement fertile et bien cultivé; les pâturages sont excellens, et les laines d'une grande beauté. Il y a des mines d'étain fin et de plomb, beaucoup de charbon de terre et peu de bois. Le pays ne produit point de vin; mais sa bière passe pour la meilleure de l'Europe. Les chiens et les chevaux anglois sont fort estimés.

D. *Quel est le caractère des Anglois ?*

R. Les Anglois sont braves, industrieux, fort habiles dans le commerce et dans la navigation, et cultivent avec succès les arts et les sciences. Ils sont d'ailleurs sérieux, mélancoliques, jaloux de l'indépendance, et orgueilleux jusqu'à mépriser et même haïr les étrangers. Les nobles sont honnêtes et généreux, mais le peuple est grossier, insolent et brutal.

D. *Quelle est la source de leurs richesses ?*

R. La principale source de leurs richesses et de leur puissance, est dans leurs colonies, et sur-tout dans le commerce de l'Inde. Leurs manufactures sont nombreuses : celles d'acier et d'étoffes de laine jouissent d'une grande réputation.

D. *Quelle est leur religion ?*

R. La Calviniste épiscopale, qu'on nomme la religion Anglicane. On y compte deux archevêchés, York et Cantorbéry, et vingt-cinq évêchés. Toutes les religions y sont tolérées.

D. *Quel est le gouvernement de l'Angleterre ?*

R. Il est en partie monarchique, et en partie républicain. La Couronne y est héréditaire, même aux filles. Le pouvoir du roi est tempéré par celui du parlement, qui est composé de deux chambres, la *Chambre haute* ou *des Pairs*, et la *Chambre* basse ou *des Communes*. La première est formée des archevêques, des évêques et des nobles du royaume; et la seconde, des députés des comtés, des villes, etc. Le roi ne peut faire de nouvelles lois, ni établir de nouveaux impôts, sans le consentement du parlement.

D. Quelles sont les rivières principales du royaume?

R. La Tamise, qui est formée de la réunion de la Tame et de l'Yse, au-dessous d'Oxford, passe à Londres, et se jette dans la mer, à l'orient.

L'Humber, qui n'est qu'une vaste embouchure de plusieurs rivières qui se déchargent dans la mer à l'orient, et dont la plus considérable est la Trent.

La Saverne, qui prend sa source dans le pays de Galles, et se jette dans le canal de Bristol, à l'ouest.

Angleterre.

D. Comment divise-t-on l'Angleterre?

R. L'Angleterre, qui comprend aussi la principauté de Galles, à l'ouest, se divise en cinquante-deux petites provinces ou comtés, qu'on appelle *Shires* en langage du pays, et qui portent presque tous le nom de leurs capitales.

D. Nommez en les villes principales.

R. LONDRES, capitale de tout le royaume, est le centre du gouvernement, avec un port sur la Tamise. Cette ville qui renferme plus de 800 mille habitans, est une des plus grandes, des plus riches et des plus commerçantes du monde. On y remarque la cathédrale de Saint-Paul, la bourse royale, et l'église de Westminster, où sont les tombeaux des rois, et des personnages illustres.

Yorck, archevêché, sur l'Ouse, au nord-est, a le titre de duché, affecté à un prince de la famille royale.

Neucastle, au nord, sur la Tine, place forte,

avec un port. On voit auprès les ruines d'une grande muraille bâtie par l'Empereur Sévere, et qui s'étendoit d'une mer à l'autre, pour arrêter les peuples sauvages de l'Ecosse.

Lancastre, à l'ouest d'Yorck, a donné son nom à l'illustre maison de Lancastre, qui a disputé la couronne à celle d'Yorck.

Manchester, au sud de Lancastre, est renommée par ses manufactures de velours de coton.

Bristol, évêché, sur l'Avon, vers l'embouchure de la Saverne, est la plus riche et la plus marchande après Londres. Pres de Bristol, est la ville de *Bath*, célebre par ses eaux minérales et par sa manufacture de draps.

Plymouth, au sud-ouest, l'un des meilleurs ports de l'Angleterre.

Portsmouth, vaste port, au sud, dans l'île de Portsey; c'est une place très-forte, le grand arsenal de la marine anglaise.

Cantorbéry, au sud-est, dans le comté de Kent, métropole de l'église anglicane. Son archevêque est primat du royaume.

Douvres, port, sur le Pas-de-Calais, où l'on passe d'Angleterre en France.

Cambridge, évêché, au nord de Londres, célèbre par son université.

Yarmouth, à l'est, est remarquable par son port et ses pêcheries.

Oxfort, sur l'Yse, évêché; son université est la plus fameuse de l'Angleterre.

Windsor, sur la Tamise, avec un magnifique château royal, ouvrage de Guillaume-le-Conquérant.

La principauté de Galles, qui donne son nom au fils aîné du roi d'Angleterre, a pour villes principales :

Carnarvon, au nord-ouest, vis-à-vis l'île d'Anglesey, avec un château où naquit Edouard II.

Montgomery, jolie petite ville sur la Saverne.

ANGLETERRE.

Cardigan, sur la rivière d'Ygvy, à l'ouest, où l'on pêche les meilleurs saumons.

Les îles voisines de l'Angleterre, sont celles de Man, d'Anglesey, de Wight, les Sorlingues, Jersey et Guernesey près de la Normandie.

Écosse.

D. *Qu'est-ce que l'Écosse ?*

R. L'Écosse, appelée anciennement *Calédonie*, a eu ses rois particuliers jusqu'en 1603, que Jacques VI de la maison des Stuarts, succéda à Elisabeth, reine d'Angleterre, et réunit les deux états, sous le nom de *royaume de la Grande-Bretagne*. Ce n'est qu'en 1707 que le parlement d'Écosse a été aboli, et réuni définitivement à celui d'Angleterre.

D. *Quelle est la nature du pays ?*

R. Ce pays est couvert de montagnes; l'air y est froid et mal-sain : le sol, peu fertile en blé, a beaucoup de pâturages, et de mines de charbon de terre. Les habitans du nord de l'Écosse sont presque sauvages ; ceux du midi sont affables, honnêtes, et ont beaucoup d'inclination pour les lettres et pour la guerre. Leur religion est la Calviniste Presbytérienne.

D. *Quelles sont les rivières de l'Écosse ?*

R. Le Tay, qui la traverse de l'ouest à l'est; la Spey qui se jette dans le golfe de Murray; et la Clyd qui coule au nord-ouest.

D. *Comment divise-t-on l'Écosse ?*

R. En trente-trois comtés, dont voici les villes principales :

Édimbourg, capitale, université, au sud du golfe de Forth, où les rois faisoient leur séjour.

Glascow, sur la Clyd, avec une célèbre université et une bonne imprimerie.

Saint-André, remarquable par son université, avec un petit port sur le golfe de Tay.

Aberdeen, qui est composée de deux villes, *Old Aberdeen*, et *New Aberdeen*. Il y a deux collèges, qui réunis portent le nom d'université.

Les îles de l'Ecosse sont les Hébrides ou Westernes, les Orcades, et les îles de Schetland.

Irlande.

D. *Qu'est-ce que l'Irlande ?*

R. L'Irlande, anciennement *Hibernie*, est une grande île, située à l'ouest de la Grande-Bretagne, et qui formoit autrefois un royaume partagé entre plusieurs souverains. En 1172, Henri II, roi d'Angleterre, profita de quelques divisions survenues entre deux rois d'Irlande, et s'empara de l'île. Ses successeurs se contenterent de prendre le titre de *Seigneur d'Irlande*, jusqu'à Henri VIII, qui en fut déclaré roi.

L'Irlande a eu jusqu'à nos jours son parlement particulier ; mais il est aujourd'hui réuni à celui de l'Angleterre.

D. *Faites-nous connoître la nature du pays.*

R. L'Irlande est très fertile, et abonde en excellens pâturages. Le climat y est assez doux, mais très-humide, à cause des pluies fréquentes, et du grand nombre de lacs et de marais qui l'entrecoupent. On en tire des viandes salées, des cuirs, du suif, du beurre, du fromage, des toiles et des étoffes de laine. Les Irlandois sont braves et robustes, fideles à leur prince, mais grossiers, paresseux et vindicatifs. Leur religion est celle de l'Angleterre. Les Catholiques y sont nombreux.

D. *Quelles sont les rivières de l'Irlande ?*

R. Le Shannon, qui se jette dans l'Océan, à l'ouest, après avoir traversé plusieurs lacs ; la Boyne, à l'est, et la Banne, au nord.

D. *Quelle est la division de l'Irlande ?*

R. On la divise en quatre parties, l'Ultonie, au nord ; la Lagénie, à l'est ; la Momonie, au sud ;

et la Connacie, à l'ouest. Toutes ces parties forment trente-deux comtés, dont voici les villes principales :

Dublin, archevêché, capitale de l'Irlande, est située à l'est au fond d'une baie de son nom. Elle est très-commerçante, et son université est célèbre.

Corcke, au sud-est, sur la Lée, ville commerçante, avec un port fréquenté.

Limmerick, sur le Shannon, évêché, jolie ville, et place forte avec un port.

Galloway, ville forte et marchande, à l'ouest, avec un port sur une baie de son nom.

Armagh, archevêché, université, dans l'Ultonie, ville autrefois considérable.

Londonderry, au nord, avec un port, est célèbre par le siége qu'elle soutint en 1689 contre le roi Jacques II.

DANEMARCK.

D. EN quoi consistent les Etats de Danemarck ?

R. Les Etats de Danemarck comprennent le Danemarck propre, les duchés de Holstein et de Lawembourg, au nord de l'Allemagne ; et l'Islande, à l'ouest, dans l'Océan. Ils s'étendent d'un côté le long de l'Océan, et de l'autre sur la mer Baltique. Le Danemarck, avec la Norwège et la Suède s'appeloient autrefois *Scandinavie*, et formoient trois royaumes particuliers, qui furent réunis en 1395.

D. Quel est le gouvernement de ces Etats ?

R. Le Danemarck est un royaume très-ancien, jadis électif, mais rendu héréditaire, même aux filles, en 1660. Le prince y jouit de l'autorité la plus absolue.

D. Quelle est la nature du pays ?

R. L'air y est très-froid pendant l'hiver qui

dure neuf mois, mais la chaleur y est extrême en été. Le Danemarck produit du blé, et des pâturages qui nourrissent beaucoup de bœufs et de chevaux; mais il manque de vin, de sel et de métaux.

D. *Quel est le caractère des Danois?*

R. Les Danois sont spirituels, affables, et fort soumis à leur prince; ils aiment les arts et les sciences, et sont braves et robustes. Ils suivent la religion Luthérienne.

D. *Comment divise t-on le Danemarck?*

R. Il se divise en deux parties: la presqu'île de Jutland ou *Chersonèse-Cimbrique* des Anciens, qui se partage en Nord-Jutland, et Sud-Jutland ou duché de Sleswick; et les îles situées à l'entrée de la mer Baltique, dont les principales sont la Sélande et la Fionie.

D. *Quelles sont les villes principales du Jutland?*

R. Wibourg, évêché, sur le lac Water, capitale du Nord-Jutland.

Albourg, sur un canal, ville très-commerçante.

Ripen, évêché, et port à l'ouest. On voit dans la cathédrale les tombeaux de plusieurs rois de Danemarck.

Aarhus, évêché, avec un port, est renommée par sa bière et ses eaux-de-vie de grains.

Sleswick, évêché, capitale du duché de ce nom, sur le golfe de Slie, où elle a un bon port. Elle a une manufacture de batiste. C'étoit autrefois une ville impériale et anséatique.

Gluckstadt, ville forte et port sur l'Elbe, dans le duché de Holstein, qui appartient en entier au roi de Danemarck depuis 1773.

Kiel, dans le Holstein, avec un port au fond d'un golfe sur la Baltique.

Altona, ville très commerçante sur l'Elbe, près d'Hambourg. C'est l'entrepôt de la compagnie Danoise des Indes orientales.

Lawenbourg, sur la droite de l'Elbe, capitale de la partie du duché de ce nom, cédée par la Prusse en 1815, pour la Poméranie Suédoise. D.

D. *Nommez les villes des îles de Sélande et de Fionie.*

R. Dans l'île de Sélande. — COPENHAGUE, archevêché, place forte, université, et port de mer, capitale de tout le royaume, et résidence ordinaire du roi. C'est une ville riche et marchande, défendue par quatre citadelles. Elle a des manufactures de draps et de soieries, des fabriques de toiles peintes, et des rafineries de sucre.

Elseneur, ville forte de Sélande, avec un port sur le détroit du Sund. A côté est le château de Crouenbourg, devant lequel les vaisseaux passent et payent un droit de péage, qui fait une partie des revenus du roi.

Roskild, évêché, autrefois le séjour des rois, dont plusieurs y ont leurs tombeaux.

Dans l'île de Fionie. — Odensée, évêché, capitale, qui est l'apanage du fils aîné du roi.

Nibourg, ville forte, avec un port. Les vaisseaux qui passent par le détroit du Belt, payent le péage à Nibourg.

D. *Qu'est-ce que l'Islande?*

R. L'Islande est une île située sous le méridien de l'île de Fer, près du cercle polaire. Elle formoit autrefois une souveraineté particulière. Elle est couverte de montagnes, de neiges, et de glaces, et ne produit que des pâturages qui nourrissent quelques troupeaux.

Les habitans vivent de pêche et de chasse. Ils sont paresseux, et grands joueurs d'échecs. Leur trafic consiste en suif, beurre, soufre, plumes, cuirs, merluches et édredon, espèce de duvet que fournit l'*eider* ou canard d'Islande.

Le mont Hécla y vomit souvent des flammes, des pierres et de l'eau bouillante.

Il n'y a point de villes en Islande. Le lieu principal est *Skalholt*, évêché. *Hola*, évêché, avec un port, a une imprimerie d'où sont sortis de bons ouvrages.

O

Entre la Norwège et l'Isande, sont les îles de *Féro*, qui appartiennent au roi de Danemarck.

SUÈDE.

D. Quelles sont les bornes de la *Suède* ?

R. La Suède, qui faisoit partie de la *Scandinavie*, est bornée au nord par la Laponie; à l'est, par la Russie; au sud, par la mer Baltique, et à l'ouest, par l'Océan du nord. Elle a environ 350 lieues du sud au nord, et 220 de l'ouest à l'est.

D. *Quel est son climat et sa fertilité* ?

R. Il n'y a en Suède que deux saisons, neuf mois d'un froid rigoureux, et le reste d'une chaleur insupportable. Néanmoins l'air y est si sain, qu'on y voit souvent des vieillards de cent ans et plus. Le sol y est généralement ingrat, excepté en pâturages. Il est entrecoupé de rivières, de lacs, de forêts et de montagnes qui en couvrent une très-grande partie. Le vin et le sel y manquent, et le blé y est fort rare.

D. *Quelle est la richesse de la Suède* ?

R. La plus grande richesse de la Suède vient de ses abondantes mines de cuivre. On y trouve aussi du fer, du plomb et de l'argent; les bois de construction, le goudron, les résines, le poisson et les pelleteries sont les objets principaux de son commerce.

D. *Quel est le caractère des Suédois* ?

R. Les Suédois sont en général bien faits, robustes, laborieux, et supportent les plus grandes fatigues. Les nobles sont magnifiques, braves, polis et délicats sur le point d'honneur; ils aiment les voyages et s'appliquent aux sciences.

D. *Quelle est la religion du pays* ?

R. La religion luthérienne est la seule permise;

on y trouve cependant des Catholiques et des Calvinistes.

D. *Quel est le gouvernement de la Suède ?*

R. La Suède est une monarchie qui étoit autrefois élective; mais en 1528, elle a été rendue héréditaire, même aux filles, sous le règne de Gustave-Wasa. C'est l'un des plus anciens royaumes de l'Europe. L'autorité royale est balancée par les Etats-Généraux, que le roi convoque dans les grandes affaires.

D. *Quelles sont les révolutions arrivées dans la Suède ?*

R. La Suède, peuplée d'abord par les Finlandois et les Lapons, fut conquise par les Goths, qui s'établirent dans la partie méridionale. En 1395, ce royaume fut uni au Danemarck par la reine Marguerite. Mais, en 1520, les Suédois se révoltèrent, et nommèrent pour leur roi Gustave-Wasa, qui les affranchit du joug des Danois, et introduisit la religion luthérienne dans ses états. Gustave-Adolphe, surnommé le Grand, qui régnoit un siècle après lui, porta ses armes victorieuses jusqu'au centre de l'Allemagne, et périt à la bataille de Lutzen en Saxe. Christine, sa fille, qui lui succéda, aimant passionnément les sciences, céda volontairement ses états à Charles-Gustave, son cousin, qui régna sous le nom de Charles X. Le règne malheureux de l'insensé Charles XII, son petit-fils, épuisa la Suède d'hommes et d'argent, et lui porta un coup funeste dont elle n'a pu encore se relever. Gustave-Adolphe IV, dernier roi, vient d'être déposé par ses sujets, qui ont placé sur le trône le Duc de Sudermanie, son oncle, sous le nom de Charles XIII.

D. *Comment divise-t-on la Suède ?*

R. On divise la Suède en cinq parties principales, qui sont : la Suède propre, la Gothie, et le Nordland, à l'ouest de la Baltique ; la Norwège cédée récemment à la Suède ; et la Laponie suédoise, au nord. Chacune de ces parties se sous-divise en plusieurs autres.

D. *Nommez les villes principales de la Suède.*
R. Dans la Suède propre.—STOCKHOLM, capitale de l'Uplande et de toute la Suède, avec un beau port, entre le lac Méler, et la mer Baltique. Elle est bâtie sur pilotis dans plusieurs petites îles; les maisons sont en pierre et en brique, la plupart couvertes de cuivre. Le palais où le roi fait sa résidence est d'une architecture élégante et magnifique.

Upsal, sur la Sala, célèbre par son université. Son archevêque est primat du royaume, et a droit de sacrer les rois. On voit dans la cathédrale les tombeaux de plusieurs rois de Suède.

Nicoping, capitale de la Sudermanie, avec un port sur la Baltique.

Dans la Gothie. — Gothebourg ou Gothembourg, capitale de la Westrogothie, ville forte et commerçante, avec un bon port sur le Cattégat.

Carlstad, sur le lac Wéner, où l'on pêche beaucoup de saumons.

Norkoping, ville forte et marchande, sur la Motala, dans l'Ostrogothie, est célèbre par sa fabrique de laiton, ses papéteries, imprimeries et manufactures d'armes.

Calmar, à l'est, capitale du Smaland, avec un port sur la Baltique.

Lunden, au sud, évêché et université, capitale du Schonen ou de la Scanie.

Carlscron, sur la Baltique, ville forte avec un port. C'est-là que sont les arsenaux de la marine.

Bahus, ville forte, sur le Cattégat, cédée à la Suède par les Danois avec son territoire en 1658.

Dans le Nordland. — Gefle ou Gévalie, près du golfe de Bothnie.

Tornéa ou Tornéo, petite ville au fond du golfe de Bothnie, à l'embouchure de la rivière de Torne. Elle est connue par les observations astronomiques qu'y firent les Académiciens français en 1737, pour déterminer la figure de la terre.

Les îles principales qui dépendent de la Suède, sont celles de Gothland, d'Oeland, et d'Aland.

D. *Faites-nous connoître la Norwège.*

R. La Norwège, qui a formé un royaume particulier depuis 875 jusqu'en 1395, qu'elle fut réunie au Danemarck avec la Suede, est un pays très-froid, montagneux et fort stérile. Elle fournit des bois de construction, du goudron, de la poix, du fer, du cuivre, des pelleteries et du poisson de toute espèce. Par le traité de Kiel en 1814, les Danois l'ont cédée à la Suède, en échange de la Poméranie suédoise.

On la divise en quatre gouvernemens, qui sont du sud au nord : Aggerhus, Berghen, Drontheim et Wardhus.

Ses villes principales sont :

Christiania ou Anslo, évêché, port de mer, capitale du gouvernement d'Aggerhus et de toute la Norwège.

Fridericks-Hall, place forte, au siége de laquelle Charles XII, roi de Suède, fut tué en 1718.

Berghen, évêché, port de mer, ville ancienne et très-commerçante.

Drontheim, plus au nord, archevêché, avec un port sur un golfe de l'Océan.

Wardhus, dans une île, au nord-est, principal bourg du gouvernement de Wardhus, ou Finmarck, qu'on appeloit aussi *Laponie Danoise.*

Waranger, port où les Lapons viennent vendre leurs pelleteries.

D. *Qu'est-ce que la Laponie ?*

R. C'est la contrée la plus septentrionale de l'Europe. Elle est située sous la zone glaciale ; aussi le froid y est-il excessif en hiver. On y éprouve dans cette saison une nuit de trois mois consécutifs, et un jour aussi long en été : ce qui fait que la chaleur n'y est pas moins insupportable que le froid. Le pays est plein de rochers et de montagnes, la terre presque stérile et toujours couverte de neige; mais on y trouve quelques mines de fer, d'or et d'argent, et une grande quantité de gibier, de poissons, et de bêtes sauvages dont les fourrures sont précieuses.

D. Quelles sont les mœurs des Lapons?

R. Les Lapons sont fort petits, laids, difformes, grossiers, sauvages, coleres et paresseux. La pêche et la chasse sont leur unique occupation. Ils vivent dans des cabanes en forme de tentes et couvertes de peaux, qu'ils transportent de côté et d'autre. Leur nourriture ordinaire est du poisson sec. Le *Renne*, animal domestique assez semblable au cerf, et particulier a cette contrée, fait toute leur fortune. Ils s'en servent pour se faire traîner sur la neige avec une vitesse incroyable; ils en mangent la chair et se couvrent de sa peau.

D. Comment divise-t-on la Laponie?

R. La Laponie est divisée en deux parties, dont chacune dépend d'un souverain différent; la Laponie suédoise, à l'ouest; et la Laponie russienne, à l'est.

On divise la Laponie suédoise en six préfectures, qu'on appelle *Lap-Marcks*, et où l'on ne trouve que des hameaux.

Au nord de la Laponie, on voit le *Spitzberg*, dans la mer Glaciale, qui fut découvert par des Hollandais en 1596. C'est un pays extrêmement froid, où l'on ne trouve que des ours blancs. On va pêcher les baleines sur ses côtes.

RUSSIE D'EUROPE.

D. *Quelles sont les bornes de la Russie d'Europe ?*

R. La Russie d'Europe ou Moscovie, fait partie d'un vaste empire qui occupe tout le nord de l'Asie. Elle est bornée au nord, par la mer Glaciale ; à l'est, par les monts Urals qui séparent l'Europe de l'Asie ; au midi, par la mer d'Azow et la mer Noire ; et à l'ouest, par la Moldavie, l'Empire d'Autriche, la Prusse, la mer Baltique et la Suède.

Elle a environ 600 lieues du nord au sud, et 460 de l'est à l'ouest. Malgré cette étendue, on n'estime sa population qu'à 36 millions d'habitans, dont 3 millions et demi sont dans la Russie asiatique.

D. *Quelle est la nature de son climat ?*

R. La Russie, à cause de son étendue, offre toutes les variétés de climat. Dans la partie du nord, le froid est d'une âpreté excessive ; dans celle du milieu, le climat est celui de l'Allemagne septentrionale ; et l'on trouve dans celle du midi les chaleurs de la France et de l'Espagne.

D. *Quelles sont ses productions ?*

R. Le nord de la Russie est stérile et entrecoupé de marais, de lacs et de vastes forêts ; le milieu produit des grains et des fruits ; et la partie du sud est très-fertile en blé. La Russie fournit au commerce des fourrures, des bois de construction, du lin, du chanvre, du suif, du goudron, de la résine, du fer, et des cuirs renommés.

D. *Quel est le caractère des Russes ?*

R. Les Russes sont de moyenne taille, forts et robustes, bons soldats, assez spirituels, mais paresseux, d'une humeur servile, et d'une confiance sans bornes en leur prince. Ce n'est que depuis le

Czar Pierre-le-Grand qu'ils ont commencé à se civiliser.

D. Quelle religion professent-ils?

R. Ils professent la religion grecque schismatique, mêlée de beaucoup de superstitions.

D. Quelle est la forme du gouvernement?

R. La Russie est un état despotique, héréditaire, même aux filles. Le chef prend le titre d'*Empereur de toutes les Russies, Czar, roi de Pologne*. On l'appeloit auparavant *Grand-Duc*, mais ce titre est resté à l'héritier présomptif de la couronne.

D. En quel temps a été fondé l'empire de Russie?

R. C'est au milieu du 9ᵉ siècle qu'ont été jetés les fondemens de l'empire de Russie; mais ce n'est qu'au commencement du siècle dernier qu'il est devenu policé et célèbre dans l'Europe. Il doit cet heureux changement aux efforts, à la constance du Czar Pierre-le-Grand, qui, en parcourant les différens états de l'Europe pour y puiser des lumières, prépara la gloire éclatante à laquelle l'empire s'est élevé sous ses successeurs. Le prince régnant est Alexandre I, petit-fils de l'Impératrice Catherine II.

D. Quels sont les fleuves de la Russie?

R. Ce sont le Wolga, le Don et le Dniéper, dont nous avons parlé à l'article *Europe*. On peut y ajouter la Dwina, qui se perd dans la mer Blanche, près d'Archangel, et la Duna qui se jette dans la mer Baltique à Riga.

D. Comment divise-t-on la Russie d'Europe?

R. Le Wolga, qui traverse la Russie de l'ouest à l'est, divise naturellement cet empire en deux parties, l'une septentrionale qui renferme douze gouvernemens, et l'autre méridionale qui en contient dix-sept. Il faut joindre à ces gouvernemens la Finlande conquise sur les Suédois en 1808. Nous ne parlerons que des principaux.

D. Quels sont les gouvernemens du nord?

R. 1. Le gouvernement de PÉTERSBOURG, au fond du golfe de Finlande, comprend l'Ingrie, conquise sur les Suédois.

PÉTERSBOURG, capitale de l'empire Russe, et le séjour des Empereurs, est bâtie sur plusieurs îles, à l'embouchure de la Néwa dans le golfe de Finlande. Elle est l'ouvrage du fameux Czar Pierre-le-Grand, qui la fonda en 1703. C'est aujourd'hui l'une des principales villes de l'Europe. Elle a une citadelle, une académie impériale, une université, de beaux quais, et de magnifiques édifices. On admire sur une de ses places la statue de Pierre-le-Grand, placée sur un rocher énorme, qu'on y transporta de plus de trois lieues par des moyens mécaniques admirables. L'impératrice Catherine II a orné la ville d'un superbe palais de marbre, et de plusieurs autres édifices. Petersbourg est l'entrepôt général du commerce de la Russie.

Cronstadt, ville fortifiée dans une île du golfe de Finlande, sert de port et de défense à Pétersbourg.

Wiborg, sur le golfe de Finlande, dans la Carélie orientale, conquise sur les Suédois.

2. Le gouvernement de REVEL, qui comprend une partie de la Livonie.

REVEL, capitale, évêché, avec un bon port, sur le golfe de Finlande, est une ville très-commerçante.

3. Le gouvernement de RIGA, qui comprend une partie de la Livonie.

RIGA, capitale, archevêché, avec un port sur la Duna, à deux lieues de son embouchure dans la Baltique, est la plus commerçante de la Russie après Pétersbourg.

4. Le gouvernement de NOVOGOROD, au sud de celui de Pétersbourg.

NOVOGOROD-WELIKI, ou Novogorod-la-Grande, capitale, archevêché, sur le Wolkof, près du lac Ilmen, étoit autrefois considérable et très-commerçante.

5. Le gouvernement d'Archangel, qui est le plus étendu, comprend la Laponie russienne.

Archangel, capitale, archevêché, avec un port autrefois très-fréquenté sur la Dwina, près de la mer Blanche. On y va chercher encore des pelleteries et autres marchandises.

Wologda, au sud-est d'Archangel, ville très-commerçante.

6. La Finlande, qui faisoit partie de la Suède, au nord du golfe de Finlande.

Abo, capitale, évêché, université, avec un port sur le golfe de Bothnie.

Cajanebourg, sur le lac Ula, capitale de la Cajanie ou Bothnie orientale.

D. *Quels sont les gouvernemens du midi?*

R. 1. Le gouvernement de Moscow, qui occupe le milieu de la Russie.

Moscow, ancienne capitale de la Russie, archevêché, sur la Moska. Cette ville, bâtie à la manière asiatique, renferme un grand nombre de palais, d'églises, de couvents, et autres édifices publics. Les Czars y faisoient autrefois leur résidence. Mais elle est bien déchue depuis qu'ils ont transféré le siége de l'empire à Pétersbourg.

2. Le gouvernement de Nijegorod, à l'est du précédent.

Nijegorod, capitale, évêché, au confluent du Wolga et de l'Occa, est fort peuplée et assez commerçante.

3. Le gouvernement de Smolensk, à l'ouest.

Smolensk, capitale, évêché, sur le Dniéper, grande et forte ville, sur les frontières de la Lithuanie.

4. Le gouvernement de Kiow, au sud du précédent, comprend une partie de l'Ukraine habitée par les Cosaques.

Kiow, capitale, sur le Dniéper, archevêché,

ville ancienne et fortifiée, où les premiers souverains de la Russie faisoient leur résidence.

Pultawa, célèbre par la victoire que Pierre-le-Grand y remporta en 1709 sur Charles XII, roi de Suede.

5. Le gouvernement de BIELGOROD, qui occupe le milieu de l'Ukraine, est très-fertile.

BIELGOROD, capitale, archevêché, près de la source du Donec ou petit Don. C'est une ville forte, où l'on entretient une garnison considérable.

6. Le gouvernement de WORONEZ, à l'est du précédent.

WORONEZ, capitale, évêché, près de l'embouchure du Worouez dans le Don. C'est une ville nouvelle bâtie par Pierre-le-Grand.

Entre la Russie et la mer Noire, on voit la petite Tartarie et la presqu'ile de Crimée, appelée autrefois *Chersonèse Taurique*, que des guerres récentes ont fait passer de la domination des Turcs sous celle des Russes.

Oczakow, ville forte dans la petite Tartarie, à l'embouchure du Dniéper, appartient aux Russes depuis 1788.

Bachaserai, capitale de la presqu'ile de Crimée.

Préop, sur l'Isthme de même nom ; et Caffa, ville commerçante, avec un bon port, sur la mer Noire.

Royaume de Pologne.

D. *Depuis quel temps est rétabli le royaume de Pologne ?*

R. Ce royaume, qui avoit été détruit en 1795, par le dernier partage qu'en avoient fait la Russie, l'Autriche et la Prusse, a été rétabli en 1815, en vertu du congrès de Vienne, et appartient à l'empereur de Russie, à l'exception du grand-duché de Posen cédé à la Prusse, et de la Gallicie qui reste à l'Autriche.

D. *Quelle est l'histoire de la Pologne ?*

R. Ce pays, habité anciennement par les Sarmates ou Sauromates, a été gouverné d'abord par des Ducs ou Généraux d'armée. Boleslas, l'un d'eux, obtint le premier le titre de roi, en 1024. Mais c'est à Casimir-le-Grand que la Pologne est redevable de ses lois, de ses tribunaux, et d'un grand nombre de ses villes. Après sa mort, qui arriva en 1370, la couronne fut rendue élective. En 1386, Jagellon, duc de Lithuanie, obtint la couronne de Pologne, et fut le chef d'une nouvelle race, qui s'éteignit en 1572. Le trône alors redevint électif, et les rois furent choisis dans différentes maisons. Cette élection fut en 1764 une source féconde de dissensions, de troubles et de désordres, et causa enfin la ruine de ce beau royaume. Placée entre trois voisins ambitieux, l'Autriche, la Prusse et la Russie, la Pologne perdit en 1772 plusieurs de ses provinces; et en 1793 et 1795, ces trois mêmes puissances se partagèrent le reste, et forcèrent le dernier roi, Stanislas-Auguste Poniatowski, d'abdiquer la couronne.

D. Quelles sont les bornes actuelles de la Pologne?

R. Ce pays, qui est situé entre les 48.e et 58.e degrés de latitude nord, et entre les 36.e et 50.e degrés de longitude, est borné, au nord et à l'est, par la Russie d'Europe; au sud, par la Turquie d'Europe et la Gallicie, et à l'ouest, par la Baltique, la Prusse et la Silésie.

D. Quelles sont ses productions?

R. La Pologne est fertile en toutes sortes de grains, et riche en minéraux, en bois, en mines de sel, et en excellens pâturages.

D. Quelles sont les mœurs et la religion des Polonais?

R. Les Polonais sont courageux, honnêtes et hospitaliers. Ils voyagent ordinairement à cheval, et sont tellement endurcis à la fatigue, qu'ils se couchent volontiers sur la neige et sur la glace, sans lit ni couverture.

La

La religion catholique est celle de la Pologne.

D. *Quelles sont les rivières de ce pays ?*

R. Les principales rivières de la Pologne sont : la *Vistule*, qui arrose la Petite et la Grande Pologne, et se jette dans la Baltique.

La *Duna*, qui se jette dans le golfe de Livonie.

Le *Niémen*, qui arrose la Lithuanie et la Prusse, et se rend dans la Baltique.

Le *Bug*, qui se décharge dans la Vistule, au-dessous de Varsovie.

Le *Dniéper*, qui naît en Russie, et le *Bog*, qui se joint au Dniéper, près de son embouchure.

D. *Comment divise-t-on la Pologne ?*

R. Les principales parties de la Pologne sont le duché de Varsovie, la Courlande, la Samogitie, la Livonie Polonaise, le grand duché de Lithuanie, la Podlaquie, la Polésie, la Volhinie et la Podolie.

D. *Nommez-en les villes principales.*

R. VARSOVIE, sur la Vistule, capitale de tout le royaume, et ancienne résidence des rois. Elle a une université, et de beaux édifices publics.

Mittau, capitale du duché de Courlande, qui est situé le long de la mer Baltique.

Rosienne, dans la Samogitie, sur la Dubissa.

Dunebourg, sur la Duna, dans la Livonie Polonaise.

Wilna, évêché, ville riche et commerçante, capitale du grand-duché de Lithuanie.—Grodno, sur le Niémen.

Bielsk, dans la Podlaquie. — Breskie, sur le Bug, dans la Polésie.

Luck, capitale de la Volhinie, sur le Ster.

Kaminieck, évêché, et Bracklaw, sur le Bog, dans la Podolie.

TURQUIE D'EUROPE.

D. Qu'est-ce que la Turquie?

R. C'est un grand empire qui s'étend en Europe, en Asie et en Afrique, et qui comprend toutes les provinces européennes qui composoient l'empire d'Orient du temps des Romains. L'empire de Turquie fut fondé au commencement du 14.e siècle par Othman ou Ottoman, prince des Turcs, qui s'empara de la plus grande partie de l'Asie mineure, et établit sa résidence à Burse, dont il fit la capitale de son royaume. Ses successeurs étendirent leurs conquêtes sur les Grecs; et en 1453, Mahomet II se rendit maître de Constantinople après un long siége, et renversa l'empire grec qui avoit subsisté plus de dix siècles.

D. Quelles sont les bornes de la Turquie d'Europe?

R. Elle est bornée au nord par l'empire d'Autriche et celui de Russie; à l'est, par la mer Noire; au sud, par la Méditerranée; et à l'ouest, par le golfe de Venise et la Dalmatie. Son étendue est d'environ 350 lieues de long, sur 320 de large. Mais ce pays n'est pas peuplé à proportion de son étendue.

D. Quel est son climat?

R. L'air y est tempéré, et le sol très-fertile. Le froment, le riz et les pâturages y abondent; mais l'agriculture et tous les autres arts y sont fort négligés.

D. Quel est le caractère des Turcs?

R. Les Turcs sont en général graves, sobres, et amateurs du repos et de l'oisiveté; ils ont peu de goût pour les sciences et les arts. Les Turcs

Européens sont sincères, polis entr'eux, mais fiers et durs à l'égard des Chrétiens. Leur loi permet la pluralité des femmes.

D. *Quelle religion professent les Turcs ?*

R. Celle de Mahomet, qui est un mélange défiguré du Christianisme et du Judaisme. Le Livre qui la contient est nommé *Alcoran*, c'est-à-dire, *le livre par excellence*. Ils sont de la secte d'Omar, et regardent comme hérétiques les Persans qui suivent celle d'*Ali*, quoique Mahométans comme eux. Le chef de la religion se nomme *Mufti*. On trouve en Turquie beaucoup de Juifs et de Chrétiens Grecs.

D. *Quel est le gouvernement de l'empire Turc ?*

R. Il est despotique et absolu. Le monarque s'appelle *Sultan* ou *Grand-Seigneur* ; on lui donne le titre de *Hautesse*, et sa cour se nomme la *Porte*. Les *Janissaires* composent la milice de la Porte, pour l'infanterie, et les *Spahis* pour la cavalerie. On appelle *Visir* le premier ministre, et *Bachas* ou *Pachas* les gouverneurs des provinces.

D. *Comment se divise la Turquie d'Europe ?*

R. La Turquie d'Europe se divise en septentrionale et en méridionale. La première, qui est arrosée par le Danube, comprend six provinces principales, la Moldavie, la Valaquie, la Servie, la Bosnie, la Bulgarie et la Romanie ou Romélie.

La seconde partie, qui comprend l'ancienne Grèce, renferme aussi six provinces, qui sont la Macédoine, l'Albanie, l'Epire, la Thessalie, la Livadie, la Morée et les îles de l'Archipel.

D. *Quelles sont les villes principales de la Turquie septentrionale ?*

R. Jassy, sur le Pruth, capitale de la Moldavie, et résidence du Hospodar de la province.

Bender, sur le Niester dans la Bessarabie. — Akerman, ville forte sur la mer Noire, à l'embouchure du Niester, aussi dans la Bessarabie.

Tergovisk, capitale de la Valaquie, ville peuplée, mais mal bâtie, sur la rivière de Jalonita.

Belgrade, ville forte, capitale de la Servie, au confluent de la Save et du Danube. Elle est très-commerçante.

Bagnaluo, capitale de la Bosnie, ville forte, et résidence du Pacha.—Bosna-Seraï, sur la Bosna.

Wihitz, ou Bihacz, place forte, capitale de la Croatie turque.

Mostar, ville forte, dans la Dalmatie turque, où réside le Pacha.

Sophie, capitale de la Bulgarie, sur la rivière de Bojana. Elle est le siége de deux évêques, l'un grec et l'autre latin. Elle a des bains chauds, et fait un grand commerce.

Viddin, place forte, sur le Danube.

Nicopoli, sur le Danube, place forte, célèbre par la victoire que Bajazet I y remporta en 1396 sur Sigismond, roi de Hongrie.

CONSTANTINOPLE, dans la Romanie ou ancienne *Thrace*, capitale de l'empire Ottoman. Les Turcs l'appellent *Stamboul*. Elle a été bâtie à la place de l'ancienne *Byzance*, par Constantin, qui en fit le siége de son empire. Sa situation sur le détroit de même nom est admirable pour le commerce, et son port passe pour le plus beau de l'univers. On distingue parmi ses édifices le Sérail ou palais du Grand-Seigneur, et l'ancienne église de Sainte-Sophie, convertie en mosquée par les Turcs. Mais la plupart des rues sont étroites, et les maisons basses et mal bâties. La peste et les incendies y font de fréquens ravages.

Andrinople, sur la Mariza, où les Sultans vont souvent passer l'été, à cause de la bonté de son air.

Gallipoli, sur le détroit des Dardanelles, est la résidence d'un Pacha.

D. *Quelles sont les villes de la Turquie méridionale?*

R. Saloniki, autrefois *Thessalonique*, capitale

de la Macédoine, avec un port situé au fond d'un golfe de même nom. Les Juifs y font presque tout le commerce.

Philippi, près de laquelle Octave et Antoine défirent Brutus et Cassius, 42 ans avant J. C.

Jenitza, autrefois *Pella*, capitale de l'ancien royaume de Macédoine, patrie de Philippe et d'Alexandre-le-Grand, son fils.

Scutari, sur un lac de même nom, place forte, capitale de l'Albanie. Elle a un évêque latin.

Durazzo, autrefois *Dyrrachium*, ville commerçante avec un port, dans l'Albanie.

Delvino, capitale de l'Epire. — Butrinto, avec un port, sur le golfe de Venise, a été cédée à l'Autriche, ainsi que la Prévesa.

Janna, capitale de la Thessalie. — Larisse, sur le fleuve Pénée, ville commerçante, et patrie d'Achille.

Farsa, autrefois *Pharsale*, ville célèbre par la victoire de César sur Pompée.

C'est dans la Thessalie que sont les monts Olympe, Ossa, Pélion et le *Pinde*, si vantés par les poètes, et la délicieuse vallée de *Tempé*.

Livadia, capitale de la Livadie ou ancienne Achaïe, est une ville commerçante.

Sétines, autrefois *Athènes*; cette ville, qui étoit si fameuse, n'a plus que l'apparence d'un village.

Thiva, autrefois *Thèbes* en Béotie.

Lépante, autrefois *Naupacte*, ville forte, sur un golfe de même nom.

Corinthe ou Coranto, près de l'isthme de son nom, dans la Morée (ancien Péloponèse), a plutôt l'air d'un village que d'une ville.

Misitra, autrefois *Sparte* ou *Lacédemone*, a été la capitale d'une république féconde en grands guerriers.

Napoli di Malvasia, dont le territoire produit l'excellent vin de *Malvoisie*.

Argos, si célèbre autrefois, et qui n'est plus qu'un bourg.

Iles de la Turquie d'Europe.

D. Quelles sont les îles principales de la Turquie d'Europe ?

R. Les plus grandes sont, l'île de Candie ou de Crète, qui formoit autrefois un royaume. Elle est très-fertile en vins délicieux, en fruits exquis, en grains, huile et soie. *Candie*, place forte, avec un port, en est la capitale. *La Canée* est fortifiée et a un bon port.

L'île de Négrepont, autrefois *Eubée*, qui est très-fertile, sur-tout en coton.

Les autres îles, qui sont plus petites, étoient divisées par les anciens en *Cyclades* et *Sporades*.

Les *Cyclades*, ainsi nommées parce qu'elles sont rangées en cercle dans l'Archipel, sont : Andro, Tine, Mycone, Délos, fameuse par son temple d'Apollon; Naxie ou Naxos, la plus fertile de l'Archipel; Paros, célèbre par ses marbres blancs; Antiparos, remarquable par sa grotte.

Les *Sporades* sont celles que l'on voit éparses dans l'Archipel. Les principales sont Stalimène, autrefois *Lemnos*, qui fournit une espèce de terre utile en médecine, et qu'on appelle *sigillée*, parce qu'elle est envoyée sous cachet dans les pays étrangers; Colouri, autrefois *Salamine*, dans le golfe d'Engia, près d'Athènes; Santorin, qui est couverte de pierres ponces.

Iles Ioniennes.

D. Quelles sont les Iles Ioniennes ?

R. C'est un petit état indépendant, sous la protection de l'Angleterre, et situé dans la mer Ionienne, à l'ouest de la Grece. Il est composé de sept îles principales qui sont, Corfou, Sainte-Maure, Céphalonie, Zanthe, Strivali, Sapienza et Cérigo, et de plusieurs autres petites qui en dépendent. Ces îles furent enlevées en 1797 aux

Vénitiens par les Français. Elles produisent beaucoup de vins et d'excellens fruits.

Corfou, autrefois *Corcyre*, est la plus importante. Le naufrage d'Ulysse et les jardins d'Alcinous l'ont rendue jadis célèbre.

Sainte-Maure, qui est peu considérable, porte le nom de sa capitale.

Céphalonie est grande et fertile en fruits et en vins très estimés. C'est de-là que viennent les *raisins de Corinthe*. Au nord de cette île, on voit Théaki ou l'ancienne *Ithaque*, patrie et royaume d'Ulysse.

Zanthe, autrefois *Zacynthe*, est habitée par des Grecs qui ont conservé les mœurs et les costumes de leurs ancêtres.

Cérigo est l'ancienne *Cythère* dédiée à Vénus.

ASIE.

Description générale de l'Asie.

D. Qu'est-ce que l'Asie ?

R. L'Asie, située à l'est de l'Europe, est la plus grande des trois parties de l'ancien continent, la plus riche en productions, et la plus célèbre dans l'antiquité par les grands évènemens qui s'y sont passés. C'est en Asie que le premier homme a été créé ; et c'est de-là que sont sorties les colonies qui ont peuplé la terre. Elle a été le siége des premières monarchies, le berceau de la religion chrétienne, des sciences et des arts.

D. *Quelles sont les bornes de l'Asie ?*

R. L'Asie est bornée au nord par la mer Glaciale ; à l'est, par le détroit du Nord qui la sépare de l'Amérique, et par l'Océan oriental; au sud, par la mer des Indes; et à l'ouest, par la mer Rouge, l'isthme de Suez, la Méditerranée, la mer Noire et l'Europe.

D. Quelle est son étendue?

R. L'Asie s'étend depuis le 43.e jusqu'au 206.e degré de longitude, et depuis l'équateur jusqu'au 78.e degré de latitude nord; ce qui fait environ 3,000 lieues de l'ouest à l'est, et 1,900 du sud au nord.

D. Comment se divise l'Asie?

R. On la divise en six parties principales : la Turquie d'Asie, l'Arabie et la Perse, à l'ouest; l'Inde au sud, la Chine à l'est, et la grande Tartarie au nord. Il faut ajouter à cela un grand nombre d'îles au sud et à l'est.

D. Quelle forme de gouvernement y a-t-il en Asie?

R. Il est presque par-tout despotique, à l'exception de l'Arabie où l'autorité se montre sous des formes plus tempérées.

D. Quelles sont les presqu'îles principales de l'Asie?

R. Ce sont, à l'ouest, l'Anatolie et les pays voisins, appelés autrefois *Asie mineure*; l'Arabie, au sud-ouest; les deux presqu'îles de l'Inde en-deçà et au-delà du Gange; la presqu'île de Malaca, au sud de la dernière; la presqu'île de Camboje, au nord-est de Malaca; la Corée, au nord-est de la Chine; et le Kamtschatka, au nord-est de l'Asie.

D. Quelles sont les montagnes de l'Asie?

R. On y remarque la chaîne du mont Caucase, entre la mer Noire et la mer Caspienne, à l'ouest; celle du mont Taurus, qui traverse la Turquie d'Asie et la Perse; le mont Imaüs entre l'Inde et la Tartarie; et les monts Gates, qui s'étendent du nord au sud dans la presqu'île en deçà du Gange.

D. Nommez les principaux caps de l'Asie.

R. Le cap Ras-al-gate, au sud-est de l'Arabie;

le cap Comorin, au sud de l'Inde en deçà du Gange; le cap de Malaca ou Romania, au sud de la presqu'île de Malaca; et le cap Taïmour au nord, vers le 120.ᵉ degré de longitude.

D. *Quelles sont les îles principales de l'Asie?*

R. On remarque dans la Méditerranée les îles de Chypre et de Rhodes; dans la mer des Indes, les Maldives, et Ceylan; dans l'Océan oriental, l'île Formose et les îles du Japon.

D. *Quels sont les golfes de l'Asie?*

R. La mer Rouge, entre l'Afrique et l'Arabie; le golfe Persique, entre l'Arabie et la Perse; le golfe de Bengale, entre les deux presqu'îles de l'Inde; le golfe de Siam, au nord-est de la presqu'île de Malaca; le golfe de Tonquin, entre ce royaume et l'île de Hainan; le golfe de Petchéli, entre la Chine et la Corée; le golfe ou la mer de Corée, entre la Corée et le Japon; et le golfe de l'Amur ou la mer de Kamtschatka, entre la Tartarie russienne et la presqu'île de Kamtschatka.

D. *Nommez les détroits les plus remarquables de l'Asie.*

R. Les principaux sont: le détroit de Babel-mandel, à l'entrée de la mer Rouge; le détroit d'Ormus, à l'entrée du golfe Persique; et celui de Corée, entre la Corée et le Japon.

D. *Quels sont les lacs principaux?*

R. A l'ouest, la mer Caspienne et le lac d'Aral; au nord, le lac Baikal dans la Tartarie Russienne.

D. *Indiquez les principaux fleuves de l'Asie.*

R. Ce sont au nord, l'Obi, le Jéniséa et le Léna, qui coulent dans la mer Glaciale; à l'ouest, le Tigre et l'Euphrate, qui se jettent réunis dans le golfe Persique; au sud, l'Indus et le Gange, qui coulent dans la mer des Indes; et à l'est, le Kiang, le Hoang qui arrosent la Chine, et l'Amur ou Saghalien, qui se jette à l'est dans le golfe de l'Amur.

TURQUIE D'ASIE.

D. *Quelles sont les bornes de la Turquie d'Asie?*

R. Cette partie de l'Empire Ottoman est bornée au nord, par la mer Noire et la Circassie; à l'ouest, par la mer de Marmara et l'Archipel; au sud, par la mer du Levant et l'Arabie; et à l'est, par la Perse.

Ce pays autrefois fertile, riche et peuplé, est aujourd'hui presque désert, inculte et livré à l'ignorance et à la barbarie.

D. *Quelles sont ses productions?*

R. Elle produit du vin, des olives, des figues, des oranges, et d'autres fruits excellens; du blé, du riz, du coton et de la soie; des plantes aromatiques et des drogues médicinales. Elle nourrit des lions, des léopards, des tigres, des chameaux, des dromadaires, et des chevaux estimés.

D. *En combien de parties est-elle divisée?*

R. En quatre grandes parties: l'Anatolie, la Syrie, le Diarbeck, et la Turcomanie.

D. *Nommez les villes de l'Anatolie?*

R. Cette province, qui renfermoit autrefois des villes considérables, n'offre plus aujourd'hui que de tristes ruines. On remarque parmi ses villes:

Chintaye, capitale, qui est embellie par les mosquées, colléges, et bains qu'elle renferme, et par les jardins et les promenades qui l'environnent.

Burse ou Bourse, autrefois *Pruse*, ancienne capitale de l'Empire Ottoman, où l'on fait un grand commerce de soie et de tapisseries.

Smyrne, port fameux sur l'Archipel, passe pour la plus commerçante des *Echelles du Levant* (1).

---

(1) On appelle *Echelles* les ports de la Méditerranée où les Européens ont des Consuls pour l'intérêt de leur commerce.

Les ruines de Troie sont au nord de cette ville, près du détroit des Dardanelles.

Angora, autrefois *Ancyre*, renommée par ses camelots de poil de chèvre.

Cogny, autrefois *Icone*, dans la Caramanie.

Trébisonde, sur la mer Noire, avec un port.

D. *Quelles sont les villes de la Syrie ou Sourie?*

R. Alep, capitale, l'une des plus commerçantes de l'empire, est l'entrepôt des marchandises de la Perse et de l'Arabie.

Alexandrette, qui est le port d'Alep, à 28 lieues de cette ville.

Tripoli, sur la Méditerranée, ville considérable avec un port.

Damas, dans une plaine fertile au pied du mont Liban, est renommée par la trempe de ses ouvrages d'acier.

Seïde, autrefois *Sidon*, ville commerçante, avec un port sur la Méditerranée.

Jérusalem, célèbre par son ancienneté et par les mystères qui s'y sont accomplis, étoit autrefois la capitale de la Judée. Elle n'est plus connue aujourd'hui que par la dévotion des chrétiens, qui vont y visiter le saint sépulcre. On sait que l'ancienne Jérusalem fut détruite par Titus avec son temple.

Acre et Gaza sont deux ports sur la Méditerranée.

D. *Quelles sont les villes du Diarbeck?*

R. Ce pays, qui, avec le Curdistan, comprend l'ancienne *Assyrie* et l'ancienne *Mésopotamie*, a pour villes principales :

Diarbekir, capitale, sur le Tigre, ville bien peuplée, qui commerce en maroquins rouges et en toiles de coton de la même couleur.

Mosul, sur le Tigre, vis-à-vis le lieu où étoit l'ancienne *Ninive*.

Bagdad, ville forte et marchande, sur le Tigre, dans l'Irak-Arabi, près du lieu où étoit *Babylone*.

Bassora, avec un port, sur le Tigre et l'Euphrate réunis, près du golfe Persique.

D. Quelles sont les villes de la Turcomanie ?

R. Erzerum, sur l'Euphrate, capitale de la Turcomanie ou *Arménie majeure.* Son commerce consiste en fourrures et en ouvrages de cuivre.

Kars, ville forte et commerçante.

Iles de la Turquie d'Asie.

D. Quelles sont les îles de la Turquie d'Asie ?

R. La plus considérable est l'île de Chypre, qui produit d'excellent vin. On en tire beaucoup de maroquins, des soies crues et du coton. Nicosie en est la capitale.

L'île de Rhodes, qui est fertile en fruits et en pâturages, a été occupée pendant plus de deux siècles par les chevaliers de Saint-Jean-de-Jérusalem. Sa capitale est Rhodes, ville très-forte, avec un bon port, qui est le principal arsenal du Grand-Seigneur pour la marine.

Métélin, autrefois *Lesbos*, fertile en vin et en figues.—Samos, patrie du philosophe Pythagore. —Scio, autrefois *Chio*, renommée par ses vins.— Cos, patrie d'Hippocrate et d'Apelles. C'est de Cos qu'on a tiré les premières pierres à aiguiser.— Pathmos, où S. Jean exilé écrivit son Apocalypse.

ARABIE.

D. Qu'est-ce que l'Arabie ?

R. C'est un pays en général aride et stérile. Il est borné au nord, par la Turquie d'Asie; à l'ouest, par l'isthme de Suez et la mer Rouge; au sud, par la mer des Indes; et à l'est, par le golfe Persique et le détroit d'Ormus.

On la divise en trois parties : l'Arabie Pétrée, l'Arabie Déserte, et l'Arabie Heureuse.

D. Quelles sont les mœurs des Arabes ?

R.

R. Les Arabes sont grands et robustes, exercés à la fatigue et à la frugalité. La plupart sont errans, campent sous des tentes et vivent de pillage. On les appelle *Bédouins* ou Arabes des déserts. Leurs chevaux passent pour les plus beaux du monde. Les Arabes des villes s'appliquent au commerce et aux sciences, principalement à la médecine et à l'astronomie. Ils sont tous Mahométans.

D. Comment sont-ils gouvernés?

R. Les Arabes sont la plupart indépendans. Les autres sont divisés en une infinité de tribus, dont chacune a son chef ou *Emir*.

D. Qu'est-ce que l'Arabie Pétrée?

R. L'Arabie Pétrée, qui est au nord de la mer Rouge, est ainsi nommée de la ville de *Petra*, aujourd'hui Erac, sa capitale, ou de ses rocs et de ses montagnes, dont une des principales est le mont Sinai. C'est un pays désert, où les Israélites errèrent pendant quarante ans, après leur sortie d'Égypte.

Tor, petit port sur la mer rouge, est le rendez-vous des pélerins Turcs qui vont à la Mecque ou à Médine.

D. Qu'est-ce que l'Arabie Déserte?

R. C'est un pays couvert de sables arides, et fort peu habité. Ses villes principales sont Ana, sur l'Euphrate, gouvernée par un Emir, tributaire du Grand-Seigneur; Hagiar, sur une montagne, avec quelques autres moins considérables.

D. Décrivez l'Arabie Heureuse.

R. L'Arabie Heureuse ou l'Yémen, est ainsi nommée, parce qu'elle est la moins stérile; mais les habitans, qui sont fort paresseux, ne la cultivent pas. On en tire des parfums, des dattes, de la myrrhe, de l'encens, des perles, du corail, des drogues médicinales, et du café excellent.

Ses villes principales sont:

La Mecque, capitale de toute l'Arabie, fameuse par la naissance de Mahomet. La mosquée ou le

Q

temple de cette ville est d'une grande magnificence. Tous les Mahométans sont obligés d'y aller en pèlerinage, au moins une fois en leur vie. Cette ville est gouvernée par un chérif de la race de Mahomet.

Médine, au nord de la Mecque, n'a de remarquable qu'une vaste mosquée, où l'on voit le tombeau du prétendu prophète Mahomet, que les pèlerins vont visiter.

Moka, port situé près du détroit de Babelmandel, où l'on embarque le café le plus estimé, qui croît dans une plaine de l'Yémen.

Aden, port très-commerçant, à l'est du détroit. — Fartach, ville assez considérable.

Mascate, avec un port qui est l'entrepôt du commerce entre l'Arabie, la Perse et les Indes.

Bahrein, petite île où l'on pêche les plus belles perles du monde. Elle est au roi de Perse, ainsi que le pays de même nom.

PERSE.

D. *Quelles sont les bornes de la Perse?*

R. La Perse est bornée au nord par la Circassie, la mer Caspienne et la Tartarie; à l'est, par l'Inde; au sud, par l'Océan Indien et le golfe Persique; et à l'ouest, par la Turquie d'Asie. Le mont Taurus la traverse dans toute sa longueur.

D. *Parlez-nous de son climat et de ses productions.*

R. Le climat de la Perse est sain en général, mais il est humide, tempéré, ou fort chaud, en allant du nord au midi. Le terroir est sec et stérile dans la plaine, et fertile vers les montagnes.

On n'y trouve ni forêt ni rivière navigable. Mais on y recueille d'excellens fruits, du vin, du blé, du riz, de la soie, du coton, et des drogues médicinales. La Perse a des mines de pierres précieuses, et de différens métaux. On pêche des perles sur les côtes; et il sort de ses fabriques de belles étoffes de soie, d'or et d'argent, et de magnifiques tapis, dits de *Turquie*.

D. *Quelles sont les mœurs des Persans ?*

R. Les Persans sont polis, affables, spirituels, très-propres aux sciences et aux arts. Ils sont voluptueux; ils aiment le vin, le luxe et le faste. Ils sont d'ailleurs de belle taille, extrêmement propres, robustes et bons soldats. Ils suivent la religion mahométane de la secte d'Ali, gendre de Mahomet.

D. *Quel est le gouvernement de la Perse ?*

R. Il est despotique; mais depuis plusieurs années, il a été en proie à de grandes révolutions.

D. *Quelle est l'histoire de la Perse ?*

R. Cet état, après les successeurs de Cyrus qui en fut le fondateur, passa aux Grecs qui avoient succédé à Alexandre. Les Perses, sous le nom de *Parthes*, rétablirent leur empire l'an 250 avant J. C.; mais en 651 ils furent soumis par les Arabes ou Sarrasins, qui y établirent le mahométisme l'épée à la main. Plus de 600 ans après, les Tartares, sous Tamerlan, s'emparèrent de la Perse; ils en furent chassés en 1501 par Sephi ou Sophi, dont la race s'est maintenue jusqu'en 1736. Alors Thamas-Kouli-Kan, de simple officier, s'éleva jusqu'au trône; et il le rétablissoit dans sa splendeur, quand il fut assassiné en 1747 dans sa tente, sous prétexte de tyrannie. Après sa mort, la Perse a éprouvé de nouvelles agitations; mais elle semble maintenant respirer sous le souverain qui la gouverne.

D. *En combien de provinces est-elle divisée ?*

R. La Perse est divisée en quatorze provinces,

dont nous indiquerons seulement les villes principales.

Ispahan, capitale de la Perse, étoit la plus grande et la plus belle de tout l'Orient; mais les guerres l'ont bien dépeuplée, et elle a beaucoup perdu de son ancienne magnificence. On y voit des marchands de toutes nations que le commerce y attire. La plupart des maisons de la ville ont leurs toits en terrasse; les habitans y passent les soirées d'été pour jouir de la fraîcheur de l'air.

Schiras, au sud d'Ispahan, sur le Bendemir, dans un pays riche et délicieux, est renommée par ses excellens vins. Assez près de là, on voit les ruines de l'ancienne *Persépolis*.

Suster, autrefois *Suse*, au nord du golfe Persique, est une ville grande et riche par son commerce.

Bander-Abassi est une ville très-commerçante, sur le golfe Persique.

Tauris, près du lac Van, fait un commerce considérable en étoffes d'or, de soie et de coton, et en peaux de chagrin.

Erivan, au nord-ouest, capitale de l'Arménie persane, est une grande ville qui fait un commerce assez considérable. Au sud, s'élève le fameux mont *Ararat*, sur lequel on prétend que l'arche s'arrêta après le déluge.

Candahar, à l'est, ville forte, dans la province de ce nom.

Zarang, près du lac de Zare, est remarquable par sa belle porcelaine.

INDE.

D. Comment l'Inde est-elle divisée?

R. Cette vaste contrée, qui tire son nom du fleuve *Indus*, se divise en trois parties : l'Indostan ou l'empire du Mogol, au nord; la presqu'île occidentale en-deçà du Gange, et la presqu'île orientale au-delà du Gange. Elle est renfermée entre la Perse et la Chine. Quelquefois on lui donne le nom d'*Indes orientales*, par opposition à l'Amérique qu'on appelle *Indes occidentales*.

D. Que dites-vous de son climat et de ses productions?

R. L'Inde est la contrée la plus belle et la plus riche de l'Asie. Vers le nord, l'air y est assez tempéré; mais il est brûlant et sec vers le midi. Cependant les pluies qui y règnent dans certaines saisons, donnent à la végétation une fécondité étonnante. La terre y est fertile en riz, en millet, et en fruits excellens inconnus en Europe. Elle renferme des mines d'or, d'argent, des diamans et d'autres pierres précieuses. L'Inde fournit au commerce des soies, du coton, de l'indigo, du salpêtre, des épiceries, des perles, des mousselines et des toiles peintes. Les éléphans et les singes y sont communs.

D. Quel est le caractère des Indiens?

R. Ils sont doux, affables, et assez ingénieux; mais ils fuient le travail et la guerre, et sont très-efféminés. Ils se nourrissent de riz, de millet, de légumes, de beurre et de fruits. Ils sont idolâtres ou mahométans. Plusieurs des idolâtres croient à la métempsycose. Les prêtres des idoles s'appellent *Brames* ou *Bramines*; et leurs temples *Pagodes*.

INDOSTAN.

D. *Quelles sont les bornes de l'Indostan ?*

R. Cet empire est borné par la Perse à l'ouest ; au nord, par la Tartarie indépendante ; à l'est, par la presqu'île orientale ; et au sud, par la presqu'île occidentale. Il a au moins 500 lieues de long. Ses productions sont les mêmes que celles des autres parties de l'Inde.

D. *Quel fut le fondateur de cet empire ?*

R. Il fut fondé vers l'an 1520 par les Tartares Mogols, qui descendoient du fameux Tamerlan, conquérant de la Perse. Avant cette époque, les Indiens étoient demeurés, depuis Alexandre-le-Grand, paisibles possesseurs de leur pays, et avoient été gouvernés par plusieurs rois indépendans les uns des autres.

D. *Quel en est le gouvernement ?*

R. Avant l'expédition de Thamas-Kouli-Kan dans les Indes en 1739, l'Empereur Mogol ou le Grand-Mogol avoit une autorité absolue. Il jouissoit de plus de 900 millions de revenu, et entretenoit un nombre prodigieux de soldats. Mais, lors de cette invasion, il perdit presque tous ses trésors avec son autorité ; car il fut obligé de consentir que les *Soubabs* ou gouverneurs de provinces fussent indépendans dans leurs gouvernemens. Aujourd'hui tous ces petits princes sont sous la dépendance des Anglais, maîtres de l'Inde.

D. *Comment cet empire est il divisé ?*

R. Il est divisé en vingt-quatre provinces, qui étoient autrefois autant de royaumes, et qui portent presque toutes le nom de leurs capitales. Nous allons indiquer ici les villes les plus connues.

Dans les provinces du nord :

Cachemire, vers les sources de l'Indus, est renommée par les beaux *schalls* qu'on y fabrique avec la laine d'une espèce de brebis du Thibet.

Caboul, ville considérable, où l'on fait un grand commerce de chevaux.

Lahor, où l'on fabrique des mousselines et des toiles peintes.

Moultan, connue par ses manufactures de coton et de toiles peintes.

Dans les provinces du milieu :

Delhi, capitale de tout l'Indostan, est une belle ville où l'Empereur fait sa résidence. Thamas-Kouli-Kan, après y avoir massacré cent mille hommes, en emporta des richesses immenses.

Agra, où les Empereurs résident quelquefois, est la plus grande et la plus belle ville de l'Indostan. Les Hollandais y ont un comptoir.

Dans les provinces de l'ouest :

Tatta, près des bouches de l'Indus, est une ville dont le commerce est bien déchu.

Amédabad, dans la province de Guzarate, commerce en indigo, sucre, gingembre, diamans, étoffes de soie et toiles peintes.

Cambaye, au sud, avec un port au fond du golfe de ce nom, étoit autrefois commerçante.

Surate est une ville considérable, avec un bon port sur le golfe de Cambaye. Elle fournit au commerce presque toutes les marchandises de l'Indostan.

Dans les provinces de l'est :

Patna, sur le Gange, a une forteresse bâtie en briques. Les Anglais y ont un établissement.

Dacca et Ougly, dans le Bengale, situées chacune sur une branche du Gange, font commerce de mousselines et de toiles peintes. Les Anglais et les Hollandais y ont des comptoirs.

Chandernagor, au sud d'Ougly : les Français y ont un comptoir ; mais les Anglais y sont plus puissans.

Calcutta, au-dessous de Chandernagor, est le centre du commerce anglais dans les Indes.

PRESQU'ILE OCCIDENTALE DE L'INDE.

D. Quels sont les états de la presqu'île occidentale de l'Inde?

R. Elle comprend le pays des Marattes dans tout le nord de la presqu'île jusqu'à Orixa ; les royaumes de Visapour, de Golconde, de Carnatte, de Mysore, et les côtes de Malabar et de Coromandel. Parmi les nations européennes qui sont établies dans cette presqu'île, les Anglais sont les plus puissans, sur-tout depuis la conquête qu'ils ont faite en 1799 de l'empire de Maissour ou Mysore.

D. Quelles sont les villes de cette presqu'île ?

R. Visapour, autrefois capitale d'un royaume de ce nom, est occupée par les Marattes, peuple brave et guerrier, qui s'est rendu redoutable aux Anglais et aux Mogols.

Raolconde, célèbre par sa mine de diamans.

Damau, Baçaim et Goa, sur la côte à l'ouest, sont trois ports aux Portugais.

Bombay, île et ville, qui appartiennent aux Anglais.

Sur la côte de Malabar,

Onor, Barcelor, Mangalor et Cananor sont aux Hollandais.

Mahé, avec un port qui commerce en poivre, et qui appartient aux Français.

Calicut, port de mer, aux Anglais. C'est le premier port de l'Inde qu'aient découvert les Portugais, sous la conduite de Vasco de Gama.

Cochin, capitale du royaume de ce nom, qui dépend des Hollandais.

Seringapatnam, ville forte, capitale du royaume

de Mysore, dont les Anglais se sont emparés.

Sur la côte de Coromandel, à l'est:

Maduré, capitale du royaume de ce nom, près du cap Comorin où l'on pêche des perles.

Tanjaor et Gingi sont les capitales des états de ce nom.

Tranguebar, port et comptoir des Danois dans l'Inde.

Pondichéri, grande et belle ville sur la côte, est le chef-lieu des établissemens français dans l'Inde.

Madras, ville très-commerçante sur la côte, appartient aux Anglais.

Arcate, capitale du royaume de Carnate, qui dépend des Anglais.

Paliacate, qui est aux Hollandais, a de bonnes manufactures de mousselines.

Golconde, capitale d'un ancien royaume, a beaucoup de diamans dans son voisinage.

Masulipatan, qui est aux Anglais, a des manufactures de toiles peintes et de mouchoirs.

La province d'Orixa est en partie occupée par les Marattes.

PRESQU'ILE ORIENTALE DE L'INDE.

D. Que renferme la presqu'île orientale de l'Inde?

R. Cette presqu'île, qui est comprise entre le golfe de Bengale et la Chine, renferme le royaume d'Azem; l'empire des Birmans, qui est formé des royaumes d'Ava, d'Aracan et de Pégu; les royaumes de Tonquin, de Laos, de Cochinchine, de Camboge et de Siam. Le climat y est généralement chaud et le sol fertile.

D. *Nommez-en les villes principales.*

R. Chandara, capitale du royaume d'Azem, où le roi fait sa résidence.

Umérapoura, capitale de l'empire Birman, est une ville nouvelle, bâtie près de la rivière d'Ava, et où réside l'empereur.

Ava, Pégu et Aracan, sont les capitales des anciens royaumes de ce nom, qui composent l'empire Birman.

Kécho, capitale du royaume de Tonquin, est une grande ville, où les Anglais et les Hollandais ont des comptoirs.

Langione, ville forte et riche, capitale du royaume de Laos.

Hué, capitale du royaume de Cochinchine, et résidence du roi.

Camboge ou Leveck, dans le royaume de Camboge, ville commerçante, sur le Mécon.

Siam ou Juthia, capitale du royaume de ce nom, dans une île formée par la rivière de Meinam.

Au sud de cette presqu'île est celle de Malaca, dont les habitans portent le nom de *Malais*. La principale ville est Malaca, capitale du royaume de ce nom, qui dépend des Hollandais.

Le paganisme est la religion de ces états. On adore l'éléphant blanc à Siam. Les habitans en général se font remarquer par la douceur de leurs mœurs, et leur affabilité envers les étrangers.

CHINE.

D. *Quelle est l'étendue de la Chine?*

R. Ce vaste empire est borné au nord par une grande muraille de 500 lieues de long, qui le sépare de la Tartarie Chinoise; à l'ouest, par la Tartarie indépendante et l'Inde; au sud, par l'Inde et par l'Océan Pacifique; et à l'est, par la même mer. Sa population est évaluée à 150 millions d'habitans.

D. *Cet empire est-il ancien ?*

R. La Chine est un empire des plus anciens et des mieux policés de l'Asie. Fo-Hi en est le fondateur. Il subsiste depuis plus de quatre mille ans, sans que les lois, les mœurs, le langage, l'habillement y aient souffert la moindre altération. Le nombre des dynasties ou familles qui se sont succédé sur le trône, se monte à vingt-deux. Malgré la grande muraille qui avoit été construite pour garantir la Chine des incursions des Tartares, ce peuple belliqueux l'a conquise deux fois; et c'est un prince Tartare qui regne actuellement sur la Chine.

D. *Quel est le climat de la Chine ?*

R. Il est très-varié : il est froid vers le nord, tempéré dans le milieu, et chaud vers le midi.

D. *Quelles sont ses productions ?*

R. La terre y est singulièrement fertile. Elle produit du blé, du riz, des légumes, des fruits excellens, des plantes aromatiques et médicinales. On y trouve des mines d'or et d'argent, et du marbre de différentes espèces. On y voit beaucoup d'éléphans, de rhinocéros, de singes et de faisans dorés. La soie, le coton, le thé, le vernis, la porcelaine, l'encre, des bois précieux, sont les objets principaux de son commerce.

D. *Quelles sont les rivières de la Chine?*

R. Deux grandes rivières arrosent la Chine; le *Hoang* ou *Rivière-Jaune*, et le *Kiang* ou *Rivière-Bleue*. Il y a en outre une infinité de canaux qui servent à la distribution des eaux et au commerce intérieur.

D. *Quel est le caractère des Chinois ?*

R. Les Chinois sont spirituels, industrieux, civils et magnifiques. Ils affectent une grande égalité d'humeur : ils sont d'ailleurs prudens, et religieux observateurs des usages anciens. Ils aiment et cultivent les sciences; mais ils excellent davantage dans les arts mécaniques, quoique leur industrie manque de goût et d'élégance. Ils avoient avant nous l'usage de l'artillerie, de l'imprimerie et de la boussole.

D. *Quelle religion suivent les Chinois ?*

R. Ils suivent la religion païenne, et croient à la métempsycose Ils honorent particulièrement Confucius, célèbre philosophe de leur pays. Leurs prêtres s'appellent *Bonzes*.

D. *Quel est le gouvernement de la Chine ?*

R. Le souverain de la Chine a le titre d'empereur. Il gouverne ses états comme une grande famille, et regarde ses sujets comme ses enfans, et non comme ses esclaves.

D. *Comment la Chine est-elle divisée ?*

R. Elle est divisée en quinze provinces, dont les villes principales sont :

Pékin, capitale de la Chine, à vingt lieues de la grande muraille. L'empereur y fait sa résidence dans un magnifique palais. C'est une ville immense, qui contient, dit-on, près de trois millions d'habitans. Les rues y sont fort droites, larges quelquefois de 120 pieds, et d'une lieue de longueur. Elles sont garnies de riches boutiques, où les marchandises étalées font un coup-d'œil agréable.

Nankin, avec un port sur le Kiang, autrefois capitale de l'empire et résidence des souverains, est, dit-on, plus spacieuse que Pékin. Sa situation la rend du moins plus commerçante. On y remarque une tour de porcelaine à neuf étages; elle est si haute, qu'il faut monter 884 degrés pour arriver au sommet.

Canton, au sud, est le plus grand port de la Chine, et le seul qui soit fréquenté par les Européens. Tout près est la ville de Macao, bâtie par les Portugais dans une petite île.

Au nord-est de la Chine, est la presqu'île de *Corée*, dont le souverain est tributaire des Chinois.

TARTARIE.

TARTARIE.

D. *Qu'est-ce que la Tartarie?*

R. C'est une vaste région qui s'étend au nord, et qui occupe plus de la moitié de l'Asie. Elle s'appeloit anciennement *Scythie*. La terre y est presque par-tout inculte et déserte : vers le midi, elle produit du riz, du blé, des fruits, des pâturages, et de la rhubarbe. La partie du nord abonde en bois et en fourrures, qui font le principal commerce du pays.

D. *Que remarquez-vous de ses habitans?*

R. Les Tartares sont en général adonnés au brigandage ; ils vivent uniquement de leur bétail et du butin qu'ils font sur leurs voisins. Ils aiment beaucoup la chair de cheval, le lait de jument, et toutes les liqueurs fortes. Ils se couvrent de peaux de bêtes, et habitent sous des tentes ou dans des chariots qu'ils transportent d'un lieu à un autre. Ils sont ou païens, ou mahométans de la secte d'Omar.

D. *Comment la Tartarie est-elle divisée?*

R. Elle est divisée en trois parties, la Tartarie Russienne ou Russie d'Asie, au nord ; la Tartarie Indépendante, au sud ; et la Tartarie Chinoise, au sud-est.

Tartarie Russienne.

D. *Comment divise-t-on la Tartarie Russienne?*

R. Cette partie de la Russie se divise en trois principaux gouvernemens, qui sont ceux de Casan, d'Astracan, à l'ouest, et de Tobolsk ou de Sibérie, au nord.

D. *Nommez-en les villes principales.*

R. Casan, place forte, archevêché, près du

Wolga, capitale du gouvernement de son nom. C'est une ville bien peuplée, et riche par son commerce de pelleteries, de maroquin et de bois de construction. Elle a un collège qui dépend de l'université de Moscow.

Penza, au sud-ouest, est une ville assez commerçante.

Astracan, place forte, archevêché, capitale de son gouvernement, près de l'embouchure du Wolga dans la mer Caspienne. Elle a de bonnes manufactures d'étoffes de laine et de toiles de coton.

Azof, ville forte avec un bon port près de l'embouchure du Don.

Entre la mer Noire et la mer Caspienne, est la *Géorgie*, nommée autrefois *Colchide*; elle appartenoit ci-devant à un prince qui étoit vassal du Grand-Sultan et du roi de Perse. Elle appartient maintenant à l'empereur de Russie, et n'est remarquable que par la beauté de ses femmes. *Teflis*, sur le Kur, en est la capitale.

Les Russes possèdent aussi une partie de la *Circassie*, à l'ouest de la mer Caspienne. Le reste de ce pays est indépendant. Les femmes passent pour y être très-belles.

D. *Que remarquez-vous de la Sibérie?*

R. La Sibérie est le pays le plus froid que l'on connoisse. Les naturels du pays sont les Samoïèdes, les Ostiacks et les Tongouses. Ils vivent de la chasse et de la pêche, et font commerce de fourrures. C'est là que l'empereur de Russie envoie en exil les criminels d'état, et tous ceux dont il est mécontent.

Tobolsk, évêché, ville très-commerçante, en est la capitale, au confluent du Tobol et de l'Irtis.

A l'est de la Sibérie, est la presqu'île de *Kamtschatka*, qui a un port de même nom. Les habitans se nomment *Kamtschadales*.

Au nord, dans la mer Glaciale, on voit la *Nouvelle-Zemble*, ou *Nouvelle-Terre*, qui est une île inhabitée, découverte par des Anglais en 1556.

Tartarie Indépendante.

D. *Que comprend la Tartarie Indépendante ?*

R. La Tartarie Indépendante, qui occupe le milieu de l'Asie, comprend, à l'ouest, une partie de la Circassie, le Daghestan, le Turkestan, le pays des Usbecks et la grande Bukarie; à l'est, le pays des Eluths ou Kalmouks, la petite Bukarie, le grand et le petit Thibet. La plupart de ces états sont aujourd'hui sujets ou tributaires de la Chine.

Les habitans sont errans, et vivent de pillage. Ils sont païens ou professent un mahométisme fort grossier.

Les habitans du Thibet sont gouvernés par le *Grand-Lama*, chef de la religion des Tartares païens. Il est révéré comme une divinité, et on lui offre de riches présens.

Les villes principales sont, *Samarcande*, dans le pays des Usbecks, ville ancienne, qui a été la capitale de l'empire de Tamerlan. — *Otrar*, à l'est du lac Aral, où Tamerlan mourut en 1405.

Tartarie Chinoise.

D. *Qu'y a-t-il à remarquer dans la Tartarie Chinoise ?*

R. Ce pays est soumis à l'empereur de la Chine. Il est habité par deux espèces de Tartares, les *Mongols* ou *Mogols*, et les *Mantcheoux*. Ce sont ces derniers qui s'emparèrent de la Chine en 1644.

Parmi les Mogols, on distingue les *Kalkas*, qui habitent sous des tentes ou dans des chariots. Ils n'ont point de villes; mais on en voit plusieurs chez les Mantcheoux, dont la principale est *Kirin-Oula*, sur le Songari.

Iles de l'Asie.

D. Quelles sont les îles de l'Asie ?

R. On peut les réduire a trois espèces différentes, celles de la mer Méditerranée, celles de la mer des Indes, et celles de l'Océan oriental. Nous avons parlé des premieres, en décrivant la Turquie, nous décrirons ici les autres, en allant de l'ouest à l'est.

Dans la mer des Indes :

Maldives. — Ces îles, situées au sud-ouest du cap Comorin, sont en grand nombre et très-voisines les unes des autres. On y trouve beaucoup de cocotiers, du corail, de l'ambre gris, et des écailles de tortues. La principale est l'île de *Male*, où réside le roi qui gouverne les Maldives, sous le titre de *Sultan des douze mille îles*.

Les Laquedives, au nord des Maldives, ont les mêmes productions, et sont pour la plupart inhabitées.

Ceylan. — Cette île, au sud-est du cap Comorin, se nommoit autrefois *Taprobane*. Elle est extrêmement riche et fertile, et produit la meilleure canelle de l'Inde. On pêche des perles sur ses côtes. Elle est habitée par des Indiens qui sont gouvernés par un roi. Les Hollandais y avoient fait des établissemens considérables, qu'ils ont cédés aux Anglais en 1801. *Candy* en est la capitale.

Dans l'Océan oriental :

L'île Formose, à l'est de la Chine ; les Chinois sont maîtres de la partie occidentale.

Iles du Japon. — Ces îles, qui forment un empire fort puissant, sont considérables par leurs richesses et par leur commerce. — Celle de Niphon, qui est la plus grande, a pour capitale *Yédo*, port de mer, ou l'empereur fait sa résidence : *Méaco*, ancienne capitale, a des manufactures de porcelaine renommée, d'étoffes d'or, d'argent et de soie.

Ces îles produisent du thé, du camphre, de la soie, du coton, des perles, et des arbres qui fournissent de beaux vernis. Les habitans sont adroits, industrieux et guerriers.

Le paganisme est la religion des Japonais. Le chef de cette religion a le titre de *Dairi*, et les prêtres ont celui de *Bonzes*.

Nangasaki, dans l'île de Kiusiu, est le seul port de l'empire où les Chinois et les Hollandais puissent commercer : toutes les autres nations en sont exclues.

AFRIQUE.

Description générale de l'Afrique.

D. Quelles sont les bornes de l'Afrique ?

R. L'Afrique est une grande presqu'île qui n'est jointe à l'Asie que par l'isthme de Suez. Elle est moins peuplée que l'Europe et l'Asie. Ses bornes sont, au nord, la Méditerranée, qui la sépare de l'Europe; à l'est, l'isthme de Suez, la mer Rouge et la mer des Indes; au sud et à l'ouest, le grand Océan.

D. Quelle est son étendue ?

R. Elle a 1750 lieues de l'ouest à l'est, depuis le 1.er jusqu'au 71.e degré de longitude; et 1800 lieues du nord au sud, depuis le 37.e degré de latitude au nord, jusqu'au 35.e de latitude méridionale.

D. Quel est le climat de l'Afrique ?

R. Comme ce pays est en grande partie dans la zone torride, la chaleur y est excessive. Elle est encore augmentée par la réflexion des rayons du soleil sur de vastes déserts de sable toujours brûlans. Cependant les côtes et les bords des rivières sont assez fertiles. On y trouve des fruits excellens, des mines d'or, d'argent et de sel. Le milieu, qui est très-peu connu, est rempli de bêtes féroces qui sont particulieres à l'Afrique.

D. *Comment divise-t-on l'Afrique ?*

R. L'Afrique se divise en huit parties principales, qui sont, de l'ouest à l'est : la Barbarie avec son désert, l'Egypte, la Nubie, l'Abyssinie, la Nigritie, la Guinée, le Congo, la Cafrerie, et plusieurs îles qui en dépendent.

D. *Quels sont ses principaux caps ?*

R. Ce sont, au nord, le cap Bon, vis-à-vis la Sicile; à l'ouest, le cap Bojador, au sud des îles Canaries; le cap Blanc, au sud du précédent; le cap Verd, en face des îles de ce nom; le cap des Palmes et celui des Trois-Pointes, au sud de la côte de Guinée; le cap de Bonne-Espérance et le cap des Aiguilles, au sud de l'Afrique; sur la côte orientale, le cap des Courans, le cap del Gado et le cap Guardafui, qui est la pointe la plus avancée à l'est.

D. *Nommez ses principales montagnes.*

R. Le mont Atlas, qui s'étend de l'ouest à l'est dans la Barbarie, depuis l'Océan jusqu'à l'Egypte; le mont Amédède, entre le désert de la Barbarie et la Nigritie; la Sierra-Léona (ou montagne des Lions), entre la Nigritie et la Guinée; les montagnes de la Lune, au nord de la Cafrerie; et le mont Lupata, qui s'étend du nord au sud dans la Cafrerie.

D. *Quelles sont les îles de l'Afrique ?*

R. On distingue, à l'ouest, Madère, les îles Canaries, les îles du cap Verd, les îles St.-Thomas, de l'Ascension, et Sainte-Hélène; à l'est, l'île de Madagascar, l'île de Bourbon et l'île de France; les îles de Comore et de l'Amirante; et l'île de Socotora, près de l'Arabie.

AFRIQUE.

D. *Nommez les golfes de l'Afrique.*

R. Le golfe de la Sidre, au nord, dans la Méditerranée; le golfe de Guinée, au sud de la Guinée; et le golfe de Sofala, à l'ouest de Madagascar.

D. *Quels sont les lacs les plus remarquables?*

R. Les principaux sont le lac de Bournou, dans la Nigritie; le lac Dambéa, dans l'Abyssinie; et le lac Maravi, dans la Cafrerie.

D. *Quels sont les principaux fleuves de l'Afrique?*

R. Le Nil qui a sa source dans l'Abyssinie, traverse la Nubie et l'Egypte, et se jette dans la Méditerranée; le Sénégal, qui sort du lac Mabéria, et coule à l'ouest dans l'Océan; le Niger, qui a sa source près de celle du Sénégal, et se perd dans le lac de Bournou; le Zaïre, qui arrose le nord du Congo, et se jette dans l'Océan; et le Zambeze ou Cuama, qui se décharge dans le golfe de Sofala.

BARBARIE.

D. Qu'est-ce *que la Barbarie?*

R. La Barbarie, qui s'étend le long de la Méditerranée, depuis l'Océan jusqu'à l'Egypte, est le meilleur pays de l'Afrique, et le plus peuplé après l'Egypte. Il produit du blé, du vin, des fruits, et beaucoup d'excellens chevaux, qu'on appelle *Barbes*. Il est occupé par les Arabes mahométans, qui sont féroces, avares, de mauvaise foi, et vivent particulièrement de piraterie.

La Barbarie comprend l'empire de Maroc, les républiques ou régences d'Alger, de Tunis et de Tripoli, le pays de Barca, le Bilédulgérid, ou pays des dattes, et le Sahara ou désert de Barbarie.

L'empire de Maroc, comprend les royaumes de Maroc, de Fez et de Tafilet, qui portent le nom de leurs capitales. Le souverain y a une autorité absolue. Les états d'Alger, de Tunis et de Tripoli forment des espèces de républiques aristocratiques, qui sont sous la protection des Turcs, et dont le chef a le titre de *Dey* ou de *Bey*.

D. Quelles sont les villes de ces différens états?

R. Maroc, capitale de l'empire de ce nom, place forte, ci-devant résidence des empereurs. On y fabrique du maroquin jaune.

Fez, ville riche, belle et commerçante, où l'on fabrique le plus beau maroquin rouge.

Mequinez ou Miquenez, où réside l'Empereur.

Salé, sur l'Océan, ville habitée par des pirates.

Oran, place forte, avec un bon port sur la Méditerranée.

Ceuta, port sur le détroit de Gibraltar, est aux Espagnols.

Alger, ville forte et commerçante, avec un bon port sur la Méditerranée.

Le Bastion de France, ville forte sur la Méditerranée, appartient aux Français.

Tunis, ville grande et forte, avec un port, près des ruines de l'ancienne *Carthage*.

Tripoli, avec un port sur la Méditerranée, fait commerce de blé, dattes, étoffes de laine, plumes d'autruche et safran.

Derne, dans le pays de Barca, dépend du dey de Tripoli.

Sugulmesse, dans le Bilédulgérid, capitale d'une république, qui est fertile en grains et en dattes.

Le Sahara est un vaste désert, qui nourrit beaucoup de lions, de tigres, et d'autres animaux féroces.

ÉGYPTE.

D. *Qu'est-ce que l'Egypte ?*

R. Ce pays, autrefois si célèbre, est situé au nord-est de l'Afrique. C'est une plaine extrêmement fertile, quoique sablonneuse. Elle doit toute sa fécondité aux inondations du Nil, qui en se débordant tous les ans, dépose sur les terres un limon qui les fertilise.

L'Egypte est soumise au Grand-Seigneur depuis 1517, et gouvernée par un pacha.

Elle produit du blé, du riz, du coton, du lin très-fin, des cannes à sucre, un baume précieux, et d'excellens fruits. On trouve dans le Nil des crocodiles monstrueux.

L'Egypte est habitée par les Cophtes, qui descendent des anciens Egyptiens, et professent la religion chrétienne; et par les Arabes et les Turcs, qui sont mahométans. Parmi ces derniers, on distingue les *Mamelouks*, esclaves circassiens et tartares, qui forment seuls la force militaire du pays, et qui l'ont gouverné pendant près de trois siècles.

D. *Comment divise-t-on l'Egypte ?*

R. Elle est divisée en trois parties, savoir: la Haute-Egypte, au sud; la Moyenne, au milieu, et la Basse, au nord.

D. *Quelles en sont les villes principales ?*

R. Girgé, près du Nil, capitale de la Haute-Egypte ou *Saïd*, qu'on appeloit autrefois *Thébaïde*, parce que Thèbes en étoit la capitale.

Le Caire, sur le Nil, capitale de toute l'Egypte, est la résidence du pacha qui la gouverne. C'est le centre de tout le commerce de l'Egypte. A trois lieues environ de cette ville, on voit les fameuses pyramides d'Egypte, qui étoient regardées comme une des sept merveilles du monde.

Suez, petit port sur la mer Rouge, donne son nom à l'Isthme qui joint l'Afrique à l'Asie.

Alexandrie, avec un port sur la Méditerranée, est la capitale de la Basse Egypte. Elle tire son nom d'Alexandre-le-Grand, son fondateur. Elle étoit le centre du commerce de l'Europe, quand il se faisoit par la mer Rouge. On y trouve de belles ruines de monumens antiques, qui attestent son ancienne magnificence.

Rosette est une ville très commerçante, sur un des bras du Nil.

Damiette, non loin de *Péluse*, sur un autre bras du Nil, fabrique de belles toiles, et sur-tout des serviettes bordées de franges de soie.

Nubie.

D. Que dites-vous de la Nubie?

R. Cette contrée, qui fait partie de l'ancienne *Ethiopie*, est située au midi de l'Egypte, le long de la mer Rouge. Le Nil la traverse dans toute sa longueur. L'air y est extrêmement chaud, et il n'y a de fertile que les vallées que le Nil arrose.

La Nubie, qui est peu connue, produit du blé et des cannes à sucre. On en tire du bois de santal, du musc, de l'ivoire et de la poudre d'or.

Les habitans sont mahométans, aiment le commerce, et trafiquent avec les Egyptiens.

La Nubie renferme le royaume de Dongola et celui de Sennar, dont les capitales portent le même nom, et sont situées sur le Nil. Le roi de Dongola est tributaire de celui de Sennar.

Abyssinie.

D. Qu'est-ce que l'Abyssinie?

R. C'est un pays situé au midi de la Nubie, et tout hérissé de montagnes et de rochers. Il fait partie de l'ancienne *Éthiopie*. On n'y connoît que deux saisons, l'été, et l'hiver ou la saison des pluies.

On y cultive le froment, l'orge, le riz, le millet, le lin, etc. Il y a des mines d'or et d'argent, dont les habitans ne savent pas profiter.

Les Abyssins professent le christianisme mêlé de diverses superstitions. Ils sont soumis à un seul souverain, qui prend le titre d'empereur, et qu'on nomme le *Grand-Négus*. Il est absolu, et fait sa résidence à *Gondar*, sa capitale, près du lac Dambéa. Les maisons sont faites avec de l'argile, et couvertes de chaume : le toit a la forme d'un cône, pour faciliter l'écoulement des pluies. Le palais du monarque est bâti en pierres, et flanqué de tours carrées.

Les autres lieux remarquables ne sont que des villages formés de quelques cabanes, ou de tentes.

Nigritie.

D. Qu'est-ce que la Nigritie ?

R. La Nigritie ou le pays des Nègres, au nord de la Guinée, tire son nom de la couleur de ses habitans, ou du fleuve *Niger* qui l'arrose. L'air y est très-chaud, mais sain ; la terre y est fort stérile, excepté le long du Niger, où elle produit du riz, du millet, du lin, du coton et des dattes.

Le commerce en tire des cuirs, de l'ivoire, de la gomme, de l'ambre gris et de la poudre d'or.

Les habitans sont noirs, et vont presque nus. Ils sont brutaux, paresseux et grossiers. Les uns professent le mahométisme, et les autres sont païens.

La Nigritie comprend un grand nombre de royaumes, dont les moins inconnus sont ceux d'Agadès, de Bournou, de Tombut, et de Bambara. Des caravanes de Barbarie viennent y commercer, principalement à Tombut.

Guinée.

D. Quelle est l'étendue de la Guinée ?

R. La Guinée s'étend sur les bords de l'Océan, depuis le Sénégal jusqu'à l'équateur. L'air y est très-chaud et mal-sain. Pendant l'été, les nuits sont fraîches, et tempèrent la chaleur du climat.

Le sol de la Guinée est généralement fertile. On en tire de l'indigo, du poivre, de l'ambre, du coton, de l'ivoire, de la poudre d'or, des plumes d'autruches, et des esclaves que les Européens envoient en Amérique.

Les habitans de la Guinée sont noirs, vont presque nus, et mangent de la chair crue. Ils regardent l'agriculture comme indigne d'eux, et ce sont leurs femmes qui cultivent les terres. Ils sont presque tous idolâtres, et dépendent de plusieurs petits souverains.

D. Comment divise-t-on la Guinée ?

R. En septentrionale et en méridionale. La première partie, qui est située entre les rivières de Sénégal et de Gambie, est souvent nommée le Sénégal. Les Européens y font presque tout le commerce.

Les Français y possèdent l'île *Saint-Louis*, au nord du Cap Verd, l'île de *Gorée*, au sud, et quelques autres établissemens.

Les Anglais ont le *fort James*, à l'embouchure de la Gambie ; et les Portugais, *Cacheo* et *Geba*, au midi.

La Guinée méridionale renferme trois parties : la Malaguette, la Guinée propre, et le royaume de Bénin.

La Malaguette est très-fertile en poivre. Elle est arrosée par la rivière de Siera Léona, qui sort des montagnes de même nom, où l'on trouve beaucoup de lions.

La Guinée propre comprend la *Côte des Dents*, où l'on trouve beaucoup d'ivoire qui vient des dents d'éléphans, et la *Côte-d'Or*, où l'on ramasse de la poudre d'or.

La Mine, place-forte avec un port, appartient
aux

aux Hollandais; Christiansbourg, aux Danois; et le cap Corse, aux Anglais.

Benin est la capitale du royaume de ce nom, sur la rivière de Benin.

Congo.

D. Qu'est-ce que le Congo?

R. Le Congo ou la Basse-Guinée, au midi de l'équateur, est assez semblable à la Guinée pour son climat, ses productions, ses habitans et son commerce. Il est arrosé par le Zaïre, où l'on trouve beaucoup de crocodiles et d'hippopotames.

Il comprend les royaumes de Loango, de Congo, d'Angola, et le pays de Benguela.

Loango est la capitale du royaume de ce nom.

San-Salvador, capitale du royaume de Congo, est une grande ville, où les Portugais ont un évêque.

Saint-Paul-de-Loanda, évêché, capitale du royaume d'Angola, a un bon port sur l'Océan.

Saint-Philippe a un port sur l'Océan, dans le pays de Benguela.

Les Portugais font presque tout le commerce dans le Congo.

Cafrerie.

D. Qu'est-ce que la Cafrerie?

R. La Cafrerie ou pays des Cafres, est cette partie de l'Afrique qui est entre le Congo, la Guinée, la Nigritie, l'Abyssinie et la mer. Ces peuples sont appelés *Cafres* d'un mot arabe, qui signifie *infidèle*, parce qu'ils ne connoissent pas Dieu.

D. Comment divise-t-on la Cafrerie?

R. On peut la diviser en trois parties.

La septentrionale, qui contient plusieurs royaumes ou peuples qui ne sont connus que de nom, tels que les royaumes de Mujac, de Gingiro, de Monoémugi, etc.

S

La méridionale, qui comprend le pays des Cafres et des Hottentots, et le cap de Bonne-Espérance.

L'orientale, qui contient le Monomotapa, la côte de Zanguebar et la côte d'Ajan.

D. *Que sait-on des Cafres et des Hottentots?*

R. Les Cafres sont noirs comme les habitans de la Guinée et du Congo. Ils sont d'ailleurs malpropres, sauvages, grossiers et idolâtres. Ils s'exercent à la chasse, à la lutte et à la danse; et nourrissent de grands troupeaux de bœufs et de moutons à grosse queue. Ce sont leurs femmes qui sont chargées des travaux de l'agriculture.

Les Hottentots, assez semblables aux Cafres, sont tous ou chasseurs ou bergers; mais ils vivent dans l'indolence et dans l'inaction, et n'ont pas la moindre idée d'agriculture. Le lait de leurs vaches et de leurs brebis fait leur principale nourriture. Du reste, ils sont d'une malpropreté extraordinaire, et professent un paganisme fort grossier.

D. *Que remarquez-vous du cap de Bonne-Espérance?*

R. C'est un port fameux, où les vaisseaux qui vont aux Indes ou qui en reviennent, peuvent prendre des rafraîchissemens. Il fut découvert par les Portugais en 1498; ils le nommèrent *Cap de Bonne-Espérance*, parce qu'il leur fit concevoir l'espérance d'arriver par-là aux Indes Orientales. Les Hollandais y bâtirent un fort, et s'y établirent en 1650. Les Anglais s'en sont emparés au mois de janvier 1806. On cultive dans le voisinage du plant de muscat, qui donne le fameux *vin du Cap*.

D. *Qu'est-ce que le Monomotapa?*

R. C'est un empire peu connu des Européens, et que l'on dit riche en or. Les Portugais y possèdent *Sofala*, sur la côte, et quelques autres établissemens.

D. *Qu'y a-t-il à remarquer sur les côtes de Zanguebar et d'Ajan?*

R. La côte de Zanguebar comprend les royaumes

de Mosambique, de Moruca, de Mongale, de Quiloa, de Monbaze et de Mélinde. Ils sont tributaires des Portugais, qui en tirent beaucoup d'or et d'ivoire.

La côte d'Ajan comprend le royaume d'Adel, dont *Auçaguiel* est la capitale; le royaume de Magadoxo, et la république de Brava. Ce sont les Portugais qui commercent sur cette côte. Ils en tirent de l'or, de l'ivoire et de l'ambre-gris.

Les habitans de ces côtes sont idolâtres ou mahométans.

Iles de l'Afrique.

D. *Où sont situées les îles de l'Afrique ?*

R. Les unes sont à l'ouest de l'Afrique, dans l'Océan Atlantique, et les autres à l'est, dans la mer des Indes.

D. *Quelles sont les îles de l'Océan Atlantique ?*

R. L'île Madère, qui produit des cannes à sucre et d'excellent vin. Elle appartient aux Portugais.

Les Canaries, nommées autrefois *Iles Fortunées*, qui produisent des fruits délicieux, des vins excellens, et où l'on trouve beaucoup de serins. Les principales sont Canarie, Ténériffe, Palme, et l'île de Fer, où les Français font passer leur premier méridien. Elles appartiennent aux Espagnols.

Les îles du Cap-Verd, qui appartiennent aux Portugais, et dont la principale est San-Jago. Elles produisent beaucoup de sel; mais l'air y est mal-sain.

L'île Saint-Thomas, sous l'équateur, dans le golfe de Guinée, appartient aux Portugais, qui en tirent de l'or, du sucre et du vin.

L'île de l'Ascension, qui est inhabitée, et où les navigateurs relâchent souvent pour s'approvisionner de grosses tortues de mer.—L'île Sainte-Hélène qui appartient aux Anglais.

D. *Quelles sont les îles à l'orient de l'Afrique ?*

R. Ce sont : Madagascar, la plus grande des îles d'Afrique. Elle est riche et très-peuplée. On en tire différens métaux, des pierres précieuses, de l'ébène et autres bois rares. Les habitans, nommés Madécasses, sont un mélange d'Africains et d'Arabes. Les Européens n'ont pu jusqu'à présent s'y établir.

L'île Bourbon, à l'est de Madagascar, produit du café, du tabac, du poivre blanc ; elle appartient aux Français. L'île de France, qui étoit l'entrepôt du commerce des Français dans l'Inde, leur a été enlevée par les Anglais.

L'île de Socotora, à l'est du Cap Guardafui, produit le meilleur aloès, et obéit à un roi qui relève du chérif de la Mecque.

AMÉRIQUE.

Description générale de l'Amérique.

D. Qu'est-ce que l'Amérique ?

R. L'Amérique, la plus grande des cinq parties de la terre, est un vaste continent opposé à celui que nous habitons. Il étoit resté inconnu aux Européens jusqu'en 1492, qu'il fut découvert par Christophe Colomb, géographe Génois, qui obtint de l'Espagne des secours pour cette importante expédition.

D. Pourquoi l'a-t-on nommée Amérique ?

R. Ce nom lui vient d'Améric Vespuce, navigateur Florentin, qui y fit un voyage sept ans après. Il en publia une relation, dans laquelle il prétendit avoir découvert la Terre-Ferme ; et il ravit ainsi à Colomb l'honneur que celui-ci méritoit, de donner son nom au nouveau continent. On donne aussi quelquefois à l'Amérique le nom d'*Indes Occidentales*, par opposition aux *Indes* qui sont à l'orient de l'Europe.

D. *Quelles sont les bornes et l'étendue de l'Amérique ?*

R. Elle est bornée au nord par les glaces du pôle; à l'est, par l'Océan Atlantique qui la sépare de l'Europe et de l'Afrique; au sud, par l'Océan méridional; et à l'ouest, par la mer du Sud ou Pacifique qui la sépare de l'Asie. Elle s'étend depuis le 80.ᵉ degré de latitude nord jusqu'au 56.ᵉ de latitude sud; ce qui fait environ 3,400 lieues du nord au sud. Sa longitude varie entre le 208.ᵉ degré à l'ouest, et le 345.ᵉ à l'est. L'isthme de Panama la divise naturellement en deux parties, septentrionale et méridionale.

D. *En combien de parties divise-t-on l'Amérique Septentrionale ?*

R. En sept principales, savoir: le Canada, les Etats-Unis, la Floride, la Louisiane, le Mexique ou la Nouvelle Espagne, le Nouveau Mexique, et la Californie.

D. *Quelle est la division de l'Amérique Méridionale ?*

R. On la divise en huit parties: la Terre-Ferme, la Guyane, le Pérou, le pays des Amazones, le Brésil, le Paraguay, le Chili et la Terre Magellanique.

D. *Quelles sont les montagnes de l'Amérique ?*

R. Dans la partie du nord, les plus remarquables sont les *Apalaches*, qui traversent les Etats-Unis, du sud-ouest au nord-est; dans la partie du midi, les *Andes* ou *Cordilières*, qui sont les plus hautes de la terre, et s'étendent dans le Pérou et le Chili; les monts *Popayans* dans la Terre Ferme; et les *Cordilières du Brésil*, a l'orient

D. *Quels sont ses principaux caps ?*

R. Dans l'Amérique septentrionale, le cap

Breton, dans l'île Royale, à l'est du Canada; le cap de Floride, au sud de la Floride, le cap Corrientes ou des Courans, à l'ouest du Mexique; et le cap St.-Lucas, au sud de la Californie.

Dans l'Amérique méridionale, le cap St.-Roch et le cap St.-Augustin, à la pointe la plus orientale; et le cap de Horn, au sud, dans la Terre de feu.

D. *Nommez les golfes de l'Amérique.*

R. Le golfe Saint-Laurent, à l'est de l'Amérique septentrionale; le golfe du Mexique, entre les deux Amériques; la mer Vermeille, à l'est de la Californie. On remarque aussi cinq baies : la baie de Baffin et la baie d'Hudson, au nord; celle de Panama, près de l'isthme de ce nom; celle de Honduras et celle de Campêche, dans le golfe du Mexique.

D. *Quelles sont ses principales îles?*

R. Dans l'Amérique septentrionale, on remarque l'île de Terre-Neuve, à l'est; les Lucayes, les Antilles, dans le golfe du Mexique, dont les principales sont Cuba, la Jamaïque, Saint Domingue, Porto-Rico, la Martinique, la Guadeloupe, la Marguerite et la Trinité. Entre l'Amérique et l'Europe, les Açores, dont la principale est Tercère; et au sud de l'Amérique, la Terre de Feu, et les îles Malouines ou Falkland.

D. *Quels sont les principaux détroits?*

R. Le détroit de Bhérings ou du Nord, entre l'Amérique et l'Asie, au nord-ouest; le détroit de Davis, à l'entrée de la baie de Baffin; celui d'Hudson, à l'entrée de la baie d'Hudson; le détroit de Magellan, au sud de l'Amérique; et le détroit de Le Maire, entre la Terre de Feu et l'île des Etats.

D. *Quelles sont les presqu'îles de l'Amérique?*

R. Ce sont l'Acadie, au sud-est du Canada; la Floride, au nord du golfe du Mexique; la presqu'île d'Yucatan, dans ce même golfe; et la Californie, à l'ouest.

D. *Marquez les lacs principaux.*

R. Il y en a cinq dans le Canada, qui sont : le lac Supérieur, le lac Michigan, le lac Huron, le lac Érié, et le lac Ontario. Ils communiquent entre eux par le fleuve Saint-Laurent qui les traverse. Le passage entre les lacs Érié et Ontario est interrompu par une chûte ou cataracte de 150 pieds de hauteur, qu'on appelle le *Saut de Niagara*, et dont le bruit se fait entendre, dit-on, à dix lieues de distance.

D. *Quels sont les principaux fleuves de l'Amérique ?*

R. Il y en a cinq, qui sont : au nord, le fleuve Saint-Laurent, qui traverse plusieurs lacs et se décharge dans le golfe de son nom ; le Mississipi, qui coule du nord au sud dans le golfe du Mexique. Dans la partie du sud, l'Orénoque, qui arrose la Terre-Ferme, et se jette dans l'Océan ; le Maragnon ou la rivière des Amazones, la plus grande du monde, qui sort des Cordilières du Pérou, et se jette dans l'Océan, au nord du Brésil, après un cours de plus de 1,800 lieues ; et le Rio de la Plata (ou rivière d'argent), qui a sa source près de la ville de la Plata au Pérou, reçoit les rivières de Paraguay, Uraguay et Paraua, et coule dans la mer au-dessous de Buenos-Ayres.

AMÉRIQUE SEPTENTRIONALE.

Canada.

D. Qu'est-ce *que le Canada ?*

R. C'est un pays immense, situé au nord des États-Unis, et qui est encore habité par plusieurs nations sauvages. Il fut découvert en 1504 par les

Français, qui lui donnèrent le nom de *Nouvelle-France*, et il a été cédé aux Anglais par la paix de 1763.

L'air y est très-froid, à cause des forêts et des lacs dont il est rempli. Sa plus grande richesse consiste dans le commerce des fourrures, des peaux de castors, et des bois de construction.

Les Canadiens en général ont les mœurs douces, simples et guerrières; ils sont païens; ils vivent de la chasse et de la pêche. Les nations les plus connues qui habitent le Canada, sont les Iroquois, les Hurons, les Algonquins et les Assénipouels.

Les villes principales du Canada sont : Québec, capitale, sur le fleuve Saint-Laurent; Mont-Réal, ville forte, dans une île du même fleuve; et les Trois-Rivieres, ainsi appelée parce que trois rivières s'y réunissent.

Les Anglais possèdent encore, au nord du Canada, la Nouvelle Galles ou Nouvelle-Bretagne, qui comprend le Labrador ou *Pays des Esquimaux*, peuples sauvages et barbares; et au sud-est, l'Acadie ou Nouvelle-Ecosse, dont la capitale est *Halifax*, bâtie par les Anglais.

États-Unis.

D. *Qu'appelle-t-on les États-Unis ?*

R. On donne ce nom à plusieurs provinces situées au midi du Canada, et qui s'appeloient la *Nouvelle-Angleterre*. Ce sont originairement des colonies anglaises établies dans ce pays au 17.e siecle. Elles ont secoué le joug de l'Angleterre en 1776, et après une guerre de sept ans, elles ont fait reconnoître leur indépendance. Elles forment actuellement une république fédérative sous le noms d'*États-Unis*, dont les richesses et la force augmentent rapidement.

D. *Comment les Etats-Unis sont ils divisés ?*

R. Ils sont divisés en seize états ou provinces, dont voici les noms avec leurs capitales :

AMÉRIQUE.

Provinces.	Capitales.
1. Nouveau Hampshire,	Portsmouth.
2. Vermont,	Windsor.
3. Massachussets,	Boston.
4. Rhode-Island,	Newport.
5. Connecticut,	Hartfort.
6. Nouvelle-Yorck,	New-Yorck.
7. Nouvelle-Jersey,	Trenton
8. Pensylvanie,	Philadelphie.
9. Delaware,	Douvres.

Territoire de l'Ohio, contenant une partie du Canada et de la Louisiane-Orientale.

10. Maryland,	Annapolis.
	WASHINGTON, ville fédérale.
11. Virginie,	Richmond.
12. Caroline Septentrionale,	Raleig.
13. Caroline Méridionale,	Columbia.
14. Géorgie,	Louisville.
15. Kentucky,	Francfort.
16. Tennessée,	Knoxville.

Territoire du Mississipi.
Louisiane-Occidentale, Nouvelle-Orléans.

Les territoires de l'Ohio et du Mississipi, et la Louisiane Occidentale appartiennent en commun aux Etats-Unis.

La Louisiane Orientale a été cédée par les Français aux Etats-Unis en 1763, et l'Occidentale en 1803.

D. *Quel est le gouvernement de ces états?*

R. Chacun de ces états forme une république particulière, qui a son gouvernement, et qui envoie des députés à une assemblée générale ou congrès, dont le chef a le titre de *Président*, et où se traitent les affaires qui intéressent la confédération. La ville de *Washington*, fondée en 1792, est le siége du congrès, et la résidence du président des états. Elle porte le nom du grand homme qui a le plus contribué à la conquête de la liberté.

D. *En quoi consistent leurs productions?*

R. Les pays du nord fournissent en abondance des bois de construction, des pelleteries et du goudron. Le riz, le blé et l'indigo croissent dans les états méridionaux.

Floride.

D. *Qu'est-ce que la Floride?*

R. La Floride est une presqu'île située entre les Etats-Unis et le golfe du Mexique, et dont le sol est généralement fertile. Après avoir souvent changé de maîtres, elle fut cédée par les Anglais aux Espagnols en 1783.

Les Espagnols y ont deux forteresses, *Saint-Augustin*, capitale de toute la Floride, sur la côte orientale; et *Pensacola*, sur le golfe du Mexique.

Le reste du pays est habité par des sauvages qui vivent de la chasse et de la pêche.

Mexique ou Nouvelle Espagne.

D. *A qui appartient le Mexique?*

R. Il appartient aux Espagnols, qui le nomment aussi *Nouvelle Espagne*. Il est situé en partie sur le golfe auquel il donne son nom. Les Espagnols s'y établirent en 1518, et il fut conquis en trois ans par Fernand Cortez sur Montézuma, dernier roi de ce pays.

D. *Quelles sont ses productions?*

R. Le Mexique, qui est le plus beau et le meilleur pays de l'Amérique, produit de tout en abondance. Les Espagnols en tirent de l'or, de l'argent, du cacao, de l'indigo, de la cochenille, de la soie, du sucre, de la vanille, etc.

D *Comment ce pays est-il gouverné?*

R. Il est gouverné par un vice-roi que le roi d'Espagne y envoie, et qu'il change tous les cinq

AMÉRIQUE.

ens. Les habitans sont un mélange d'Espagnols et d'anciens Mexicains qui professent le christianisme.

D. Comment le Mexique est-il divisé ?

R. On le divise en douze gouvernemens, dont le principal est celui de Mexico.

D. Quelles sont les villes principales du Mexique ?

R. Mexico, capitale de toute la Nouvelle-Espagne, grande et belle ville, bâtie sur un lac de même nom. Le vice-roi y fait sa résidence.

Acapulco, port de mer sur l'Océan Pacifique, fait un commerce assez considérable.

La Vera-Cruz, qui a un port sur le golfe du Mexique.

Campêche, d'où l'on tire le bois de teinture qui porte son nom.

Guatimala, ville riche et commerçante.

Nouveau Mexique.

D. Où est situé le nouveau Mexique ?

R. Le nouveau Mexique est situé au nord du Mexique, entre la Louisiane et la mer Vermeille. Il fut découvert par les Espagnols en 1553, et il porte aujourd'hui le nom de *royaume de la Nouvelle-Gallice*.

Ce pays, bien moins riche que l'ancien Mexique, est habité par différens peuples d'un caractere doux, qui vivent de la chasse et de la culture de leurs terres. Ils sont gouvernés par des chefs nommés *Caciques*.

Santa-Fé, au nord, résidence du gouverneur, est le principal établissement des Espagnols dans ce pays.

A l'ouest, est la Californie, qui forme une longue presqu'île, et qui dépend du Mexique. On pêche des perles sur ses côtes. Le reste de l'Amérique Septentrionale est peu connu.

D. Quels sont les pays au nord de l'Amérique ?

R. Entre la baie de Baffin et l'Islande, on voit le *Groenland* ou Terre-Verte, ainsi nommée à cause de la mousse qui couvre ses rivages. Il fut découvert en 982 par Eric Rus, norwégien : il y fait un froid très rigoureux. Les Européens y vont tous les ans pour la pêche de la baleine. Les habitans en sont sauvages, et s'occupent de la chasse et de la pêche comme les Lapons.

AMÉRIQUE MÉRIDIONALE.

Terre-Ferme.

D. D'où la Terre-Ferme a-t-elle pris son nom ?

R. Ce pays, situé au sud du Mexique, fut nommé *Terre-Ferme* par Christophe Colomb, parce que ce fut la première terre du nouveau continent qu'il découvrit après les îles. On l'appelle aussi *Nouveau royaume de Grenade*.

D. Faites-en la description.

R. La Terre-Ferme, qui appartient aux Espagnols, est fort riche par ses mines d'or et d'argent, ses pierreries et ses perles. Elle produit d'ailleurs beaucoup de cacao, du sucre, de l'excellent tabac, de l'indigo et de la vanille. Le climat y est très-chaud, et l'air mal-sain en bien des endroits. L'Orénoque en est la principale rivière.

Les habitans sont un mélange d'Espagnols, d'Américains civilisés et d'Américains sauvages.

Cette contrée est divisée en trois parties principales : la Terre-Ferme propre, la Nouvelle-Grenade, et le pays de Quito, qui faisoit ci-devant partie du Pérou. Ces trois parties forment 21 gouvernemens, dont les villes principales sont :

Panama,

Panama, évêché, avec un port, dans l'isthme de même nom.

Porto-Bélo, au nord de Panama, avec un port, sur le golfe du Mexique.

CARTHAGÈNE, évêché, capitale de tout le nouveau royaume de Grenade, ville grande et riche par son commerce, avec un bon port, sur le golfe du Mexique.

Popayan, évêché au sud-ouest. — Santa-Fé de Bogota, archevêché, ci-devant capitale de la Terre-Ferme.

Quito, évêché, au sud-ouest de Popayan, près de l'équateur.

Guyane.

D. *Comment la Guyane est-elle divisée ?*

R. La Guyane, située à l'est de la Terre-Ferme, est divisée en deux parties, la Guyane Française et la Guyane Hollandaise. L'air y est mal-sain, parce que le sol est marécageux en beaucoup d'endroits.

La Guyane Française ou *France équinoxiale*, s'étend entre le Brésil et la Guyane Hollandaise. Les Français possèdent une grande partie des côtes. Leurs principaux établissemens sont à *Cayenne*, île très-voisine de la côte, qui a une ville de même nom. Elle fournit du sucre, du café, du coton, de l'indigo, de la vanille, etc.

Les Hollandais possèdent dans ce pays, sur les bords de l'Océan, la *Colonie de Surinam*, qui s'étend le long de la rivière de *Surinam*. Ils en tirent beaucoup de café, de sucre et de coton.

L'intérieur du pays est occupé par une infinité de sauvages, qui ont leurs huttes sur les arbres, comme des nids. La principale peuplade est celle des *Caraïbes*.

Pérou.

D. *Faites la description du Pérou.*

R. Le Pérou, qui fut conquis en 1533 par les

T.

Espagnols, étoit un royaume fort puissant, dont les souverains se nommoient *Incas*.

Il s'étend le long de la côte occidentale, entre l'Océan et le pays des Amazones. Le climat y est très-chaud, mais sain. Les rosées abondantes y tiennent lieu de pluies. Le sol est en général fertile, excepté sur les côtes. Il est traversé du nord au sud par la grande chaîne des *Cordilières*, dont la plus haute montagne est le *Chimboraço*.

Le Pérou, qui est le plus riche pays du monde, renferme les mines d'or et d'argent les plus abondantes, entr'autres celles du *Potosi*. Le *Quinquina* est l'écorce d'un arbre particulier à cette contrée ; un autre donne le *baume du Pérou ;* et certains animaux, comme le lama et la vigogne, fournissent des laines précieuses.

Ce pays est gouverné par un vice-roi. Les habitans sont un mélange d'Espagnols et d'anciens Péruviens qui ont embrassé le christianisme.

Les villes principales sont :

Lima, belle et grande ville, capitale de tout le Pérou, et la résidence du vice-Roi.

Cusco, ancienne capitale du Pérou, où les Incas faisoient leur résidence.

Potosi, ville célèbre par ses mines d'argent, près de la Plata.

Pays des Amazones.

D. Qu'est-ce que le pays des Amazones ?

R. C'est une grande contrée, située entre le Pérou, le Paraguay, le Brésil et la Terre-Ferme. Les premiers Européens qui y pénétrèrent, ayant aperçu des femmes armées, donnèrent à ce pays le nom qu'il porte aujourd'hui. Il est traversé par un grand fleuve de même nom, le long duquel les Espagnols et les Portugais ont bâti plusieurs forts.

Le reste du pays est à peu près inculte, et habité par plusieurs nations sauvages que l'on connoît très-peu. Les forêts, les lacs et les marais en couvrent la plus grande partie, et en rendent l'air mal-sain dans plusieurs endroits.

Brésil.

D. *A qui appartient le Brésil ?*

R. Il appartient aux Portugais, qui le découvrirent en 1500. Il s'étend le long de l'Océan Atlantique, au midi de l'équateur. C'est la principale colonie des Portugais. L'air y est bon, quoique très-chaud, et le sol généralement fertile.

On tire du Brésil le bois de teinture qui porte son nom. Il produit aussi de fort beau sucre, du tabac, de l'indigo, le baume de Copahu, l'ipécacuanha, et quantité de bois odoriférans. Il a des mines d'or et d'argent, et surtout de beaux diamans. On y trouve, entr'autres oiseaux rares, le *colibri* ou oiseau-mouche.

Le fils ainé du roi de Portugal porte le titre de *prince du Brésil*.

Les Portugais n'ont pénétré qu'à cent lieues environ dans les terres. Le reste du pays est habité par un grand nombre de sauvages très-vaillans.

Le Brésil est divisé en vingt-quatre capitaineries, dont les villes principales sont :

Rio-Janeiro, capitale du Brésil, avec un port spacieux et excellent. Un aqueduc digne des Romains y conduit une eau abondante.

San-Salvador, ancienne capitale, avec un port sur la baie de Tous-les-Saints. C'est une ville grande, riche et très commerçante.

Olinde ou Fernambouc, port de mer, près du cap Saint-Augustin. Sa situation agréable l'a fait appeler le *paradis* de l'Amérique.

Paraguay.

D. *Qu'est-ce que le Paraguay ?*

R. Ce pays, nommé aussi royaume de la Plata,

est situé au sud du Brésil et du pays des Amazones. Il est sous la domination des Espagnols, qui en ont cédé la partie septentrionale aux Portugais. Le Paraguay abonde en grains, sucre, coton, tabac et plantes médicinales. Les rivières qui l'arrosent sont la Plata, le Paraguay qui donne son nom au pays, le Parana et l'Uraguay.

Les villes principales qu'on y remarque sont :

Buenos-Ayres, capitale de tout le Paraguay, ainsi nommée à cause de l'excellent air qu'on y respire. Elle est très-commerçante, et située près de l'embouchure de la Plata.

Santa-Fé, plus au nord, sur la même rivière.

L'Assomption, évêché, sur la rivière de Paraguay.

Chili.

D. Que remarquez-vous du Chili ?

R. Cette contrée, au sud du Pérou, s'étend le long de la mer Pacifique jusqu'à la Terre de Magellan. Elle fut découverte par les Espagnols, peu après la conquête du Pérou. Ils n'en possèdent que les côtes ; le reste est occupé par les naturels du pays, qui ne cessent de les inquiéter.

Le Chili est traversé du nord au sud par la chaîne des Cordilières, où l'on trouve beaucoup de volcans. C'est le climat le plus délicieux de l'Amérique ; et la fertilité du sol égale la douceur de la température.

On y trouve des mines de toute espèce : celles d'or sont très-riches dans la partie nommée *Cuyo*. Les huiles, les vins même y sont d'une excellente qualité.

On y remarque parmi les villes principales :

San-Jago, capitale du Chili, et séjour du gouverneur.

La Conception et Baldivia, qui sont deux excellens ports.

AMÉRIQUE.

Terre Magellanique.

D. Qu'appelle-t-on Terre Magellanique ?

R. On donne ce nom à la pointe méridionale de l'Amérique, parce qu'elle fut découverte en 1520 par Magellan, navigateur portugais. Elle a au sud le détroit de Magellan, qui la sépare de la Terre de Feu.

C'est un pays froid et peu fertile, appelé aussi *Patagonie*, parce qu'il est habité par des sauvages, qu'on nomme *Patagons*, et qu'on a crus long-temps des géans d'une taille extraordinaire.

Au midi du détroit, est une île nommée *Terre de Feu*, parce que Magellan, quand il la découvrit, aperçut un grand feu qui lui parut sortir d'un volcan. Elle est hérissée de hautes montagnes, et habitée par des sauvages, comme la petite île *des États*, qui en est voisine.

Iles de l'Amérique.

D. Où sont situées les îles de l'Amérique ?

R. Les unes sont dans l'Océan Atlantique, et les autres dans le golfe du Mexique.

D. Quelles sont les premières ?

R. Les Açores, entre l'Europe et l'Amérique. Elles appartiennent aux Portugais, qui les nommèrent ainsi, parce qu'ils y aperçurent beaucoup d'éperviers. La principale est *Tercère*.

L'île de Terre-Neuve, à l'est du golfe Saint-Laurent, est une des plus grandes de l'Amérique, et appartient aux Anglais. Près de cette île, est le grand banc de sable, qui porte le même nom, et où se fait la pêche de la morue.

L'île-Royale ou *île du Cap-Breton*, située dans le même golfe, appartient aux Anglais. Louisbourg en est le chef-lieu.

Les Bermudes, dont la plus grande est celle de S. Georges, appartiennent aux Anglais. On y trouve beaucoup de tortues.

D. Quelles sont les îles du golfe du Mexique?

R. Les Lucayes, à l'est de la Floride, qui sont occupées par les Anglais, et dont les principales sont *Bahama* et la *Providence*. Celle de *Guanahani* est la première terre que découvrit Christophe Colomb.

Les Antilles, qui se divisent en grandes, ou *Iles-du-Vent*, et en petites, ou *Iles-sous-le-Vent*.

Les grandes sont :

Cuba, la plus grande des Antilles, qui produit le meilleur tabac de l'Amérique. Elle appartient aux Espagnols. On y remarque *la Havane*, fameux port, qui est l'entrepôt de tout le commerce de l'Espagne avec ses colonies.

La Jamaïque, dont les Anglais ont fait une des plus florissantes colonies, et où l'on remarque *Port-Royal*.

Saint-Domingue, qui appartient moitié aux Français, et moitié aux Anglais. Les villes principales de la partie française sont le *Cap-Français*, *Léogane*, et le *Port-au-Prince*; dans la partie anglaise, on remarque *San-Domingo*. Les troubles intérieurs qui l'agitent ont bien changé le sort de cette colonie.

Porto-Rico, qui dépend des Espagnols, et qui a un port de même nom.

Parmi les petites Antilles, les Français possèdent la Martinique, qui est la plus florissante de leurs colonies; la Guadeloupe, la Désirade, Marie-Galande, et quelques autres.

Les Anglais possèdent entr'autres la Barbade, Saint-Christophe, la Dominique, Saint-Vincent, la Grenade, Sainte-Lucie, et Tabago qui étoient ci-devant aux Français, et la Trinité qui appartenoit aux Espagnols.

Les Danois ont Saint-Thomas, Saint-Jean et Sainte-Croix; et les Hollandais, Saint-Eustache et Curaçao.

Le sucre est la principale production des Antilles. On y cultive aussi l'indigo, le tabac, le coton et le café. Ces îles sont sujettes à des ouragans affreux, qui y causent de grands désastres.

OCÉANIQUE.

Description générale de l'Océanique.

D. Qu'est-ce qu'on appelle aujourd'hui l'Océanique ?

R. L'Océanique, qui forme la cinquième partie du globe, est un Archipel immense, nouvellement découvert, qui s'élève au milieu de l'Océan Pacifique, et dont la principale terre semble égaler l'Europe en étendue.

D. Quelles sont les bornes de l'Océanique ?

R. Cette nouvelle partie du monde est bornée à l'ouest par la mer des Indes, au nord par le détroit de Malaca et la mer de Chine, et des autres côtés par le grand Océan.

D. Quelle est son étendue ?

R. L'Océanique s'étend depuis le 116.e degré de longitude, jusqu'au 240.e; et du sud au nord, entre les 66.e et 32.e degré de latitude.

D. Comment divise-t-on l'Océanique ?

R. En trois parties principales : l'Océanique du nord-ouest, l'Océanique centrale, et l'Océanique orientale ou Polynésie (1).

La première partie comprend les îles de la Sonde, les îles Moluques et les îles Philippines.

La seconde partie renferme la Nouvelle Hol-

_____
(1) Mot grec qui signifie *plusieurs îles*.

lande, autour de laquelle sont rangées la Nouvelle-Guinée, la Nouvelle-Bretagne, la Nouvelle-Irlande, les archipels de Salomon, de la Louisiade, du St. Esprit, la Nouvelle-Calédonie, la Nouvelle-Zélande, et la Terre de Diémen.

Enfin, la troisième partie comprend toutes ces petites îles qui couvrent l'Océan Pacifique, depuis les îles Mariannes, jusqu'aux îles Sandwich et à l'île de Pâques.

D. *Quels sont les détroits qui séparent ces différentes terres ?*

R. On remarque au nord-ouest le détroit de la Sonde, entre Sumatra et Java; le détroit de Malaca, entre Sumatra et la presqu'île de Malaca, en Asie; au nord, le canal qui sépare l'île Formose et les Philippines; à l'est de Java, le détroit de Baly; le détroit de Macassar, entre Bornéo et l'île des Célèbes; celui de Torres ou l'Endeavour, entre la Nouvelle-Guinée et la Nouvelle-Hollande; le détroit de Bass, entre la Nouvelle-Hollande et la Terre de Diémen; et le détroit de Cook, entre les deux îles de la Nouvelle-Zélande.

D. *Quel est le climat de cette partie du monde?*

R. Cette partie étant placée en général sous la zone torride, a un climat aussi aride, aussi brûlant que l'Afrique. Cependant la chaleur n'y est jamais insupportable, parce que l'air est sans cesse rafraîchi par les vents légers de terre et de mer, qui s'élèvent alternativement le jour et la nuit. Mais ce printemps perpétuel est quelquefois troublé par des ouragans et des tremblemens de terre épouvantables.

D. *Quelles sont les productions naturelles de ces contrées ?*

R. Parmi les végétaux, on distingue l'arbre à pain, qui s'élève à la hauteur de plus de 40 pieds, et dont le fruit, cuit sous la cendre, a le goût du pain de froment. C'est l'arbre nourricier des peuples de l'Océanique. La terre y produit encore l'orange, l'igname, le coco, la banane, et mille autres fruits excellens, plusieurs plantes et arbres aromatiques, des bois précieux, des gommes, et beaucoup d'arbustes à fleurs, qui se distinguent par un brillant coloris, et par des formes singulières.

Parmi les animaux, on remarque le *Kangarou* aux pattes inégales, l'*Ornithoryncus*, ou quadrupède au bec de canard, le poisson aux nageoires élastiques, qui saute sur la terre, comme les grenouilles.

D. *Donnez-nous une idée des habitans de l'Océanique.*

R. Il paroit que les habitans sont divisés en deux races d'hommes très-distinctes, tant par leur physionomie, que par leur langage, les *Malais* ou les *Océaniens jaunes*, et les *Nègres-Océaniens*.

Les premiers ont la couleur basanée, les cheveux noirs, épais et frisés, le nez gros et aplati par le bout, et le front un peu bombé. On les reconnoît dans l'Océanique du nord-ouest et dans la Polynésie.

Les seconds se distinguent par un teint noir, par le nez épaté, les lèvres épaisses, les cheveux crépus sans être laineux, et par une longueur démesurée des bras, des cuisses et des jambes. Leurs mœurs sont en général sauvages et féroces. Ils professent un paganisme grossier, vivent dans la misère la plus affreuse, et n'ont guère de l'homme que la figure. Cette race habite dans l'Océanique centrale, où elle domine exclusivement.

OCÉANIQUE DU NORD-OUEST.

Iles de la Sonde.

D. Qu'y a-t-il à remarquer sur les îles de la Sonde ?

R. Parmi les îles de la Sonde, il y en a trois principales, savoir :

Bornéo, la plus grande de toutes, qui produit beaucoup de poivre, de camphre et de coton. On y trouve de l'or, des diamans, et le singe nommé *orang-outang*. Des volcans et des tremblemens de terre bouleversent souvent cette île. *Bornéo*, sa capitale, a un bon port. *Banjer-Massing*, au sud, a un port où les Hollandais ont un établissement.

Sumatra, très-fertile en épiceries, en or et en argent, renferme aussi beaucoup de volcans. Sa plus grande ville est *Achem*, capitale d'un royaume très puissant.

Java, où les Hollandais ont fondé *Batavia*, chef lieu de leur commerce dans l'Inde. Elle produit du poivre, de belles cannes à sucre, et une abondance d'excellents légumes.

Maduré et *Baly* sont deux petites îles voisines de Java.

Iles Moluques et Philippines.

D. Faites-nous connoître les Moluques et les Philippines ?

R. La principale des *Moluques* est l'île des *Célèbes*, qui est fertile en girofle, en coton et en or. On y trouve l'arbre à pain, et d'autres arbres fruitiers. Sa capitale est *Macassar*, ville occupée par les Hollandais.

Gilolo, au nord-est de celle des Célèbes, est assez considérable. Elle produit du sagou, avec beaucoup de girofles et de muscades. *Gilolo*, capitale, est la résidence du souverain.

Amboine, où le giroflier croit à la hauteur de 40 ou 50 pieds. L'aspect de l'île offre un agréable mélange de montagnes boisées, et de vallées verdoyantes, couvertes de nombreux hameaux.

Céram, où l'on voit des casoards, espèce de gros oiseaux qui peuplent les forêts.

Banda, dont le muscadier fait la principale richessse.

Ternate, où l'on trouve quelquefois une espèce de serpent nommé *boa*, qui a 30 pieds de longueur.

Toutes ces îles abondent en épiceries, et les Hollandais qui les occupent, y ont plusieurs forts pour la sûreté de leur commerce.

Les *îles Philippines*, découvertes par Magellan en 1521, produisent de la casse, du cacao, de l'indigo et du coton. La plupart sont soumises aux Espagnols. Les plus considérables sont *Luçon* ou *Manille*, où l'on cultive la canne à sucre et le cocotier; et *Mindanao*, dans la partie méridionale de laquelle est un volcan toujours en éruption, et qui sert de fanal aux navigateurs.

Les capitales de ces îles portent le même nom.

OCÉANIQUE CENTRALE.

Nouvelle-Hollande, Terre de Diémen, etc.

D. Que sait-on de la Nouvelle-Hollande?

R. Cette grande terre, découverte en 1620 par les Hollandais, et visitée par Cook en 1774, est une île immense, que l'on soupçonne presque aussi étendue que l'Europe entière. Malgré les voyages de plusieurs navigateurs, l'intérieur de cette île est encore inconnu. Les récifs qui la bordent presqu'entièrement, en rendent l'accès difficile. On y trouve des animaux d'une conformation bizarre, tels que le *Kangarou* et l'*Ornithoryncus*. Les habitans en sont sauvages, et menent une vie misérable.

Le capitaine Cook a reconnu toute la côte orientale, qu'il a appelée la *Nouvelle-Galles Méridionale*. Les Anglais avoient établi à Botany-Bay une colonie, composée des mauvais citoyens qu'ils sont dans l'usage d'exiler pour s'en défaire. Cet établissement a été transféré à *Sidney-Cow*, un peu plus au nord, près du port Jackson, l'un des plus beaux du globe.

Au sud de cette île, est la *Terre de Diémen*, découverte en 1642 par Tasman, navigateur hollandais. Elle est coupée d'un grand nombre de golfes, qui sont autant d'abris dans ces mers orageuses.

D. *Parlez-nous des autres îles de l'Océanique centrale.*

R. Au nord-est de la Nouvelle Hollande, on voit la *Nouvelle-Guinée*, dont les habitans se nomment *Papous*, et où l'on trouve les oiseaux-de-paradis. Elle a été découverte par l'espagnol Savédra, en 1526.

La *Nouvelle-Bretagne*, à l'est, découverte, en 1700, par Dampier, navigateur anglais, est très-peuplée, et couverte de bois.

On remarque ensuite les *îles Salomon*, reconnues par l'espagnol Mendana, en 1567; l'archipel de la *Louisiade*, découvert par Bougainville, en 1768; celui du *St.-Esprit*, découvert par l'espagnol Quiros, en 1606, et nommé par Cook les *Nouvelles-Hébrides*; la *Nouvelle-Calédonie*, ainsi nommée par Cook, qui l'a visitée le premier en 1774; enfin la *Nouvelle-Zélande*, au sud, découverte par Tasman en 1642, et qui abonde en bois de construction et en lin magnifique. Elle
forme

forme deux îles, séparées par un détroit, auquel Cook a donné son nom. Ses habitans sont anthropophages.

Ces diverses terres sont encore trop peu connues, pour qu'on puisse en parler avec quelques détails.

OCÉANIQUE ORIENTALE
OU
POLYNÉSIE.

D. *Donnez-nous une idée des terres de l'Océanique orientale.*

R. A l'est des îles Philippines, on voit les *îles Mariannes*, qui sont au nombre de 15 ou 16. Elles sont peu considérables. Magellan, navigateur hollandais, qui les découvrit en 1521, les avoit appelées *îles des Larrons*, à cause du penchant de ses habitans pour le vol. Les Espagnols en possèdent les côtes, et en retirent de l'or, de l'argent, des diamans, etc. Ils possèdent aussi les *îles Carolines* ou *Nouvelles-Philippines*, au sud.

Au nord et à l'est des Mariannes s'élèvent divers groupes de petites îles, presque toutes volcaniques, et dont quelques-unes portent le nom de *vo can*. Le rocher, nommé *la Femme de Loth*, est une pyramide de 350 pieds de haut, contre laquelle les vagues viennent se briser avec fureur.

Au sud des Mariannes, sont les îles *Pelew* ou *Palaos*, visitées par les Espagnols, et depuis par les Anglais.

En descendant au sud-est, on rencontre les *îles Mulgraves*, et les *îles Fidgi*, découvertes par les Anglais ; les *îles des Amis*, découvertes par Cook, et dont les habitans sont doux et hospitaliers ; les

V.

îles des Navigateurs, aperçues par Bougainville ; les *îles de la Société*, découvertes par Cook ; la principale est *Otahitié*, qui, par sa fertilité, la beauté de son climat, et les mœurs douces de ses habitans, a mérité le titre de *Reine de l'Ocean* ; les *Marquises*, et l'île de *Pâques*, découvertes par Mendana.

Enfin, on voit au nord les *îles Sandwich*, reconnues par Cook. *Owhyhée*, la plus considérable, est célèbre par la mort de cet illustre navigateur, qui y fut tué par les naturels, en 1779.

Nota. On peut voir dans la savante géographie de M. Malte-Brun, les détails qu'il donne sur ces nouvelles découvertes, que nous ne pouvons qu'indiquer dans cet abrégé.

Fin de la Géographie Moderne.

TABLE ALPHABÉTIQUE

Des Départemens de la France.

Ain,	page 61	Gard,	81
Aisne,	45	Garonne (Haute),	79
Allier,	67	Gers,	77
Alpes (Basses),	84	Gironde,	74
Alpes (Hautes),	73	Hérault,	81
Ardèche,	82	Ille-et-Vilaine,	53
Ardennes,	47	Indre,	59
Ariège,	78	Indre-et-Loire,	56
Aube,	47	Isère,	72
Aude,	80	Jura,	63
Aveyron,	76	Landes,	76
Bouches-du-Rhône,	83	Loir-et-Cher,	58
Calvados,	41	Loire,	71
Cantal,	70	Loire (Haute),	83
Charente,	68	Loire Inférieure,	54
Charente-Inférieure,	67	Loiret,	57
Cher,	59	Lot,	76
Correze,	66	Lot-et-Garonne,	75
Corse,	86	Lozère,	82
Côte-d'Or,	60	Maine-et-Loire,	56
Côtes-du-Nord,	53	Manche,	42
Creuse,	65	Marne,	46
Dordogne,	74	Marne (Haute),	48
Doubs,	62	Mayenne,	55
Drôme,	73	Meurthe,	50
Eure,	42	Meuse,	49
Eure-et-Loir,	58	Morbihan,	54
Finistère,	54	Moselle,	49

TABLE ALPHABÉTIQUE.

Nièvre,	59	Seine,	43
Nord,	38	Seine-Inférieure,	41
Oise,	44	Seine-et-Marne,	45
Orne,	42	Seine-et-Oise,	43
Pas-de-Calais,	39	Sèvres (Deux),	64
Puy-de Dôme,	69	Somme,	40
Pyrénées (Basses),	77	Tarn,	80
Pyrénées (Hautes),	Ibid.	Tarn et Garonne,	75
Pyrénées-Orientales,	79	Var,	84
Rhin (Bas),	52	Vaucluse,	85
Rhin (Haut),	51	Vendée,	64
Rhône,	71	Vienne,	65
Saône (Haute),	63	Vienne (Haute),	66
Saône-et-Loire,	61	Vosges,	50
Sarthe,	55	Yonne,	61

FIN DE LA TABLE DES DÉPARTEMENS.

TABLE GÉNÉRALE
DES MATIÈRES.

ABRÉGÉ D'ASTRONOMIE,	page 1
Des Étoiles fixes,	2
Du Soleil,	4
Des Planètes,	5
Des Comètes,	7
Du mouvement de la Terre,	9
De la Lune,	11
Des éclipses de Soleil et de Lune,	13
Du Globe Terrestre,	14
Cause de la variété des saisons, et de l'inégalité des jours et des nuits,	17
Des Climats,	19
De la Longitude et de la Latitude,	20
Des différens Systèmes du Monde,	22
Des Mesures de distance,	24
GÉOGRAPHIE MODERNE,	25
Notions préliminaires,	Ibid.
Division générale du Globe Terrestre,	26
Division de l'eau,	28
EUROPE,	30
France,	33
Départemens du Nord,	38
Départemens du Milieu,	53
Départemens du Midi,	67
Pays-Bas,	86

Suisse,	95
Etats de l'Italie,	96
Royaume de Sardaigne,	98
Grand-Duché de Parme,	101
Duché de Modène,	Ibid.
Royaume Lombard-Vénitien,	102
Grand-Duché de Toscane,	105
Duché de Lucques,	106
Etat de l'Eglise,	Ibid.
Royaume de Naples,	109
Iles de l'Italie,	111
Espagne,	113
Portugal,	122
Etats d'Allemagne,	124
Confédération Germanique,	127
Royaume de Prusse,	Ibid.
Royaume d'Hanovre,	135
Grand-Duché d'Oldenbourg,	137
Grand-Duché de Mecklenbourg,	Ibid.
Villes libres de l'Allemagne,	Ibid.
Royaume de Saxe,	138
Royaume de Bavière,	139
Royaume de Wurtemberg,	141
Etats de Bade,	142
Etats de Hesse,	143
Empire d'Autriche,	Ibid.
Bohême,	146
Hongrie,	147
Gallicie,	148
Royaume d'Angleterre,	149

Danemarck,	155
Suède. — Laponie,	158
Russie d'Europe,	163
Royaume de Pologne,	167
Turquie d'Europe,	170
Iles Ioniennes,	174
ASIE,	175
Turquie d'Asie,	178
Arabie,	180
Perse,	182
Inde,	185
Indostan,	186
Presqu'île occidentale de l'Inde,	188
Presqu'île orientale de l'Inde,	189
Chine,	190
Tartarie,	193
Tartarie Russienne,	Ibid.
— Indépendante,	195
— Chinoise,	Ibid.
Iles de l'Asie,	196
AFRIQUE,	197
Barbarie,	199
Égypte,	201
Nubie,	202
Abyssinie,	Ibid.
Nigritie,	203
Guinée,	Ibid.
Congo,	205
Cafrerie,	Ibid.
Iles de l'Afrique,	207

Amérique,	208
Amérique Septentrionale,	211
Canada,	Ibid.
Etats-Unis,	212
Floride,	214
Mexique ou Nouvelle-Espagne,	Ibid.
Nouveau Mexique,	215
Amérique Méridionale,	216
Terre-Ferme,	Ibid.
Guyane,	217
Pérou,	Ibid.
Pays des Amazones,	218
Brésil,	219
Paraguay,	Ibid.
Chili,	220
Terre Magellanique,	221
Iles de l'Amérique,	Ibid.
Océanique,	223
Océanique du Nord-ouest,	226
Iles de la Sonde,	Ibid.
Iles Moluques. — Iles Philippines,	Ibid.
Océanique Centrale,	227
Nouvelle-Hollande, Terre de Diémen, etc.,	Ibid.
Océanique Orientale ou Polynésie,	229

Fin de la Table générale.

www.ingramcontent.com/pod-product-compliance
Lightning Source LLC
Chambersburg PA
CBHW060131170426
43198CB00010B/1127